Para mi amiga

Mercedes

con mucho cariño
para que te acompañe
en las tardes de invierno.
Cariñosamente

Gledys.
Stgo /2009.

De conquistadas y conquistadoras

TIEMPOS
VIVOS

De conquistadas y conquistadoras

ELSA FRAGA VIDAL

Javier Vergara Editor
GRUPO ZETA

Barcelona / Bogotá / Buenos Aires
Caracas / Madrid / México D.F.
Montevideo / Quito / Santiago de Chile

Diseño de tapa
Raquel Cané

© 2001 Elsa Fraga Vidal
© 2001 Ediciones B Argentina s.a.
        Paseo Colón 221 - 6º - Buenos Aires - Argentina

ISBN 950-15-2237-7

Impreso en la Argentina / Printed in Argentine
Depositado de acuerdo a la Ley 11.723

Esta edición se terminó de imprimir en
VERLAP S.A., Comandante Spurr 653,
Avellaneda, Pcia. de Buenos Aires,
en el mes de julio de 2001.

A mis padres, tierna memoria.

Y a Agustina, Javier, Augusto y María,
futuro esperanzado.

Agradecimientos

A Silvia Plager, sin cuyo empuje contagioso este libro no hubiera sido posible.

A las dos Lauras, De Piano y Larsen, por su estímulo permanente la una y sus sabias indicaciones, la otra.

A mis fieles oídos de los miércoles, Silvia Benzaquén, Ilda Ferreiro y Susana Pericoli.

A Beba Villanueva de Fraga, que me facilitó el relato que su tatarabuela Agustina Libarona hizo de sus padecimientos en el Bracho.

A mi editora, Luisa Borovsky, por su afabilidad y su paciencia.

A Pino y a nuestros hijos Carlos Augusto y Gustavo, por su respaldo seguro.

LAS QUE ESTABAN...

LAS QUE VINIERON...

LAS QUE NACIERON AQUÍ.

Índice

A manera
de prólogo

... y me gustaba escuchar al viejo Buenaventura,
que así solía hablarnos en la cocina de la estancia...

"Y así ha de ser. Somos diferentes. Dicen que porque miramos otro cielo y otras constelaciones y que costó mucho dolor llegar a ser lo que somos: americanos. Pero españoles, indios, criollos, todos hemos sufrido y eso nos hermana.

"Yo, aquí donde me ve, tengo sangre india, de araucanos, que fueron los más bravos; y cómo vine a parar en dueño de la estancia será historia para otro día. Pero lo importante es decirle que —blanco o indio— yo me siento los dos en uno solo. ¿Sabe que una remota antepasada mía fue una real moza andaluza que vino aquí para casar y lo hizo con don Pedro de Agüero, español de pura cepa que anduvo por los despoblados de

19

Atacama, siguiendo a Medina? La mayoría de los indios ya estaban dominados menos los araucanos, sabe, que al principio fueron hospitalarios y llamaron "Peñi" a los blancos, que quiere decir "hermano", pero luego no aceptaron el trato que éstos dieron a sus mujeres y se alzaron, mire, sembrando el espanto. Y así cayeron los fuertes españoles del otro lado del Ande: La Serena, La Imperial, Concepción. Casi podemos decir que por cuestión de mujeres ¿No? Mi antepasada fue una de ellas y vivió hasta su muerte en las rucas indianas. Se llamaba Angustias y le hizo honor al nombre. Ya tenía un hijo, rubio como trigo maduro, Gonzalo, de cuatro meses, cuando se la llevaron; y dicen que se defendió bravamente, con el Gonzalo en brazos, lanceando a más de uno; pero al fin la alzó en la grupa de su bagual el "Toqui", el más importante guerrero del Arauco. Y fue por fuerza su mujer. De esa unión nació Choelén, después cristianado Pedro, como su primer marido. Ella debe de haber sufrido mucho, pero al fin, cuando pudo volver a los españoles, durante la tregua, no lo hizo. La juventud había pasado, tenía con el Toqui otros hijos, se había hecho bastante a esa vida y era respetada en la toldería. En cambio, ¿quién podría asegurar que sería bien vista por los blancos? Ya no tenía lugar en esa sociedad. Los que sí partieron un día fueron Pedro y Gonzalo, que se conchabaron como orilleros en las quintas. Pedro, el mestizo, el hijo del cacique, se quedó y casó con una blanca. De allí vengo. Gonzalo, el español criado entre indios, no pudo resistir y se volvió a las rucas. Así, pues, no se asuste si tropieza con indios de ojos celestes. Nadie puede decir aquí empieza esto, aquí termina lo otro. Los blancos trajeron y les dimos. El caballo, por ejemplo, vino con los españoles, pero el indio lo montó en pelo, potros indómitos con los que cruzaba a galope tendido la desmesura de la pampa. El trote, la marcha elegante, eso era para los horizontes cercanos de la Europa. ¿Y qué hubiera sido del indio sin su bagual? No hubiera tenido el poderío, ni siquiera su grito.

"También el español cambió. Muchos se mesturaron con indias y otros casaron a sus hijas mestizas con blancos. Y esta tierra, donde el viento dobla los pastos, les sobó el alma hasta hacerlos de aquí. Y en el vientre de las mujeres nació América.

"... y muchas, aunque no están en sus páginas, también escribieron la Historia."

Isabel

A corta distancia de Granada, los ejércitos de Aragón y Castilla clavan sus tiendas y descansan. Es el atardecer del 1 de enero de 1492. Isabel y Fernando se preparan para entrar triunfalmente en la ciudad ganada a Boabdil, hace apenas unas horas.

Isabel reza en soledad. Tiene la cabeza rubia y noble apoyada en sus manos y los ojos clavados en la imagen de Nuestra Señora, que los ha acompañado por yermos y fatigas.

Fernando bebe el vino de la victoria con sus capitanes, en la tienda mayor. El eterno sol granadino desentumece los miembros de todos, que han sufrido los rigores del invierno del norte y de las rudas batallas y han esperado largo tiempo, en la cercana Santa Fe, la rendición del sultán.

No miran hacia la ladera de la sierra donde los palacios los esperan como una novia en vigilia. Granada es demasiado bella para mirarla de noche. Necesita la luz del sol que reverbere en la riqueza de sus mosaicos y encienda el agua de sus fuentes.

Súbitamente, como un ala negra, una sombra se agita junto a la tienda real y enseguida, antes de que el temor cristalice en el rostro de Isabel, don Mendo, capitán de la reina, se presenta conduciendo a una mujer alta y espléndida, velada a la usanza musulmana.

—Tenéis visita, mi señora.

Isabel se levanta del reclinatorio e indica al capitán, con un leve movimiento de cabeza, que debe retirarse. Por un instante, sus ojos quedan fijos en el gigantesco eunuco apostado a la entrada de la tienda y al que la cortina guillotina de pronto, apartándolo de su vista. Es la única compañía que ha traído la dama que ahora se enfrenta a Isabel, Aixa, la Sultana Valida, la madre de Boabdil. Con un gesto que es casi altanero se desprende de su charchaf. Está vestida severamente. Como único adorno luce la perla negra que el moro Gebre-Al-Taric llevó consigo al cruzar el estrecho e invadir España, siete siglos atrás.

Aixa, apodada "La Horra" por su pueblo en honor a sus virtudes, inclina la cabeza frente a Isabel. Es la primera vez. Ella no ha nacido para el vasallaje. No ha practicado la voluptuosidad del harén, tan caro a los orientales. No ha mimado su cuerpo más allá de la escrupulosa limpieza que es común en su raza. Aixa ha nacido para la gloria y para ayudar a vestir el arnés de guerra a su hijo Boabdil.

Las dos mujeres, frente a frente, se miran en silencio durante un instante. Es el fin y el principio y ambas lo saben. Después, con calma, habla Aixa a los ojos claros de Isabel:

—Alta Señora. Alá sabe que hubiera preferido la resistencia y la muerte, antes de rendir las armas. Boabdil, mi hijo y hasta ayer Sultán de estas tierras, ha dicho que entre dos males es sabio escoger el menor, y así lo ha hecho. Pero bien lo nombra su apodo "El Zogoibí", pues fue y es un desventurado. Yo me culpo, porque lo alcé contra su padre y armé su mano mil veces, pero no su prudencia. Sois madre, Señora. Preservad su vida. A cambio os ofrezco la mía y la perla de Gebre-Al-Taric, que alumbrará la empresa que os desvela.

Isabel alza su mano y Aixa calla.

—No temáis —le dice—. "No ensuciaremos con la crueldad lo que nos otorgó el valor." —Y rechaza la perla—: Con vosotros ha venido, con vosotros se irá.

Aixa se inclina y toca el corazón, los labios y la frente en el "temenah" musulmán:

—¡Mas Hallah! ¡Alabado sea Dios! Os lo digo: "Vuestra grandeza alcanzará para dos mundos". Y ante un chasquido de sus dedos, entra el eunuco y deja sobre la mesa de campaña un gajo de laurel. Un segundo después, Aixa se ha ido.

A la mañana siguiente desfilan los ejércitos cristianos y entran en Granada, que se entrega dócilmente. Flamean los estandartes. La belleza sensual de la Alhambra pasma a los rudos españoles y redobla sus sueños. Hay caderas sedosas en esos sueños, vientres redondos como redomas y labios entreabiertos y vino rojo en copas de oro. Para ellos poseer Granada es como poseer a una mujer.

Isabel, en cambio, cabalga pensativa al frente de su tropa. "Dos mundos", le ha dicho Aixa. Y piensa en el loco que desde hace tanto le suplica ayuda para cruzar el océano. Y que ahora está allí mismo, en Granada.

En las puertas de la ciudad, Boabdil sale al encuentro de los Reyes Católicos, acompañado por Aixa. Entrega las llaves de la ciudad y la rinde a los reyes. Aixa, sin mirarlos, inclina apenas la cabeza. No habrá palabras ni gestos de la mujer altiva que va al exilio, camino del África.

Días después Isabel vuelve, casi en secreto, con apenas unos pocos, al lugar donde moros y cristianos batallaron sin tregua, donde la belleza de torres y jardines suspende su alma, donde trepa la colina la blancura moruna del Albayzín. Allí planta el laurel de Aixa, el laurel de la victoria y la recordación. Toma un terrón de tierra granadina —para ella la más amada— y lo desmenuza entre los dedos. ¡Dos mundos! ha dicho Aixa y eso perturba su corazón. Isabel levanta sus ojos al cielo espléndido que sólo surca una nube, que tiene forma de carabela.

Naicó

*L*eila. Leila, es el fantasma de la bella andaluza el que ronda al señor Blas de Cuenca, devorado por la fiebre.

Pero su lecho no es de fresco heno, como cuando la amaba, sino apenas un rudo capote que el capellán Sánchez de Reyna le ha puesto entre el cuerpo y la tierra fría.

El perfume de Leila es el que embalsama el aire helado, haciéndole parecer una tibia primavera; es el olor de la hembra de Almería, la más bella, la que visitaba por las noches en su granero, la de los ojos árabes y el talle suelto.

Aguza su olfato el señor de Cuenca; y aunque casi no puede abrir los ojos, está seguro: no es el olor a pan caliente que brota de Ana, su mujer, el de la casa con huertos y el arcón con manzanas. No; es el otro, el salvaje, el del pecado.

Tristes pensamientos giran en su cabeza. Ni siquiera puede recordar qué día es ése, del año del Señor de 1520.

Apenas algo más del Domingo de Ramos y es otoño, aunque la nevisca cae incesante —puede verla por el agujero de la barraca, que sirve de ventana—. Gime el viento. Se lleva todo, ¿a dónde llevará tus ilusiones, Blas de Cuenca? ¿Qué dirán en la Almería cuando don Hernando de Magallanes regrese con sus naves reventando de especias y tal vez con bellas mujeres del Maluco y no estén allí ni el cura Sánchez de Reyna, ni Juan de Cartagena, ni tú? ¿Y los otros? ¿Volverán los otros? Sebastián el Cano, alzado también él, ¿habrá terminado flotando en el mar? Nada puede saberse ni oírse desde esta barraca. ¿Perdonará Dios a don Hernando su mucha crueldad? Blas, fiera fiebre te matará en esta bahía de San Julián antes que los demonios marinos y no cumplirás tu sueño ni irás a doblar tu rodilla a Santa María la Antigua para dar gracias por el regreso.

Rueda de un lado a otro la hermosa cabeza de don Blas de Cuenca. Ahora la fiebre lo lleva a su casa, a la Almería, a los huertos y el mar quieto, tan lejos de éste, rugiente y helado, que azota las arenas negras y hurga en las cavernas y se traga las gaviotas que desaparecen fundidas en el gris. ¿Y cuándo viró a tan triste color el océano? ¿Cuándo dejó de ser azul? Duelen las heridas, cada una es una negra boca por la que se van vida y futuro, pero casi no siente el dolor, porque camina en su delirio por las calles de Almería, antes de regresar al hogar y a Ana, y busca a Leila que vaga con pies desnudos por plaza y puerto, oyendo el pregón y batiendo palmas. "¿No irás tú, Blas?". Leila, con su discurso encendido de codicia en el heno, él de espaldas en el lecho dorado, sacudido por la risa; y ella, que lo cabalga, lleno de briznas el pelo, y lo incita: "¡Ve, Ve Blas y seremos ricos!"

Don Blas es de buen pasar, su abuelo era proveedor del Rey Felipe y poco a poco han crecido en fortuna y linaje; se conforma. Y en la moza campesina encuentra el riesgo. ¿Para qué quiere probar suerte en la cruzada de don Hernando, el portugués silencioso y hermético que ha logrado cautivar a Carlos V? Su aventura es de alcoba —de granero, mejor— y a él no lo sacudirán las olas, sino el placer.

...¿Y entonces, qué hace aquí ahora, en la costa desolada, muriendo? El destino tuvo esta vez ojos negros y calenturienta ambición: fueron los brazos de Leila los que lo empujaron.

Y en el viaje de pesadilla los ánimos desordenados, el desconocimiento del derrotero, la costa cada vez más lúgubre y el mutismo de Magallanes metieron la cola, que no el diablo, si diablo no fue don Juan de Cartagena, que les envenenó los pensamientos. Y ahora con él y con el cura compartirán el abandono en esas costas sin Dios, como compartieron el alzamiento.

Fueron treinta los rebeldes y sólo un puñado recibió pena en la voz monocorde del Alguacil Gonzalo Gómez de Espinosa, y las penas —ya lo juzgará la Historia si es que algo de ellos queda en ella— fueron superiores a los planteamientos: don Luis de Mendoza, su capitán, apuñalado en la garganta, a quien el gorgoteo de su sangre le tapó para siempre el rumor del mar, y Gaspar de Quesada, cuya rubia cabeza quedó clavada en una pica a merced del viento, han bailado con la más fea;

contra él, Blas de Cuenca, se ha alzado el puñal a las dos de la tarde, enceguecióndolo con la hoja, metiéndole el sol en el hombro, en el costado hasta que ¡basta ya!, la voz de don Hernando lo detuvo ¡que se desangre! Y después, boca abajo, sentir el gusto de la arena y la sangre y las lágrimas mezclándose en el suelo salado. Hasta que Juan de Cartagena y el cura lo dan vuelta y ve otra vez el farol de tea de la nave de don Hernando.

¡Ah, cuánto crece un hombre cuando puede ver el cielo! Y aún así, llevado, dejando el rastro en la arena con los tacones de sus botas pardas hasta la barraca de los prisioneros, que cruje con el viento, don Blas puede sentir piedad por todos: por don Hernando, cegado por la pasión de su empresa, por los muertos en esa costa helada de San Julián y los que allí serán abandonados a su suerte. Y también por los que seguirán al Maluco, con la muerte en el alma.

"¿Leila?". La puerta de la barraca se ha entreabierto y un alarido de luz se le clava en los ojos. Hay una silueta. Leila. Ríe mentalmente Blas de Cuenca. ¿Qué hace ese ruido de mar en el granero de Almería? Las manos de Leila mariposean sobre su cara y su pecho, le han abierto el jubón ahora, desgarran su camisa, ponen hierbas frescas en las heridas quemantes, limpian con óleo la sangre seca y los ojos legañosos. "¿Leila?". La nariz de Blas de Cuenca se dilata, sí, es el olor, que sorbe como puede, a bocanadas, levemente más ácido, sí, pero a hembra, a hembra. Blas de Cuenca recibe la tibieza que le da el cuerpo extendido junto al suyo, tan frío; busca con dedos urgentes dentro del cuero tosco que se abre y los cobija a los dos, el vellón suave, los senos apenas nacidos, la base del cuello donde algo late en el cuenco de su mano; es puro instinto, pura memoria, aprieta con el brazo sano el cuerpo firme y lo sube, lo adosa al suyo. Leila, Leila. Don Blas siente que se yergue, vivo, y penetra, fuerte y se desborda y resuella con respiración honda y caliente como la de los animales en el establo de Almería. No le importa morir. Leila, Leila, hallada por fin tan lejos, en esta costa áspera y silbadora.

Ya se distiende el señor de Cuenca, afloja el abrazo, descansa, mientras las manos suaves le arreglan el pelo, le acomodan los apósitos, le mojan los labios con el vino de palmera que la magnanimidad de don Hernando ha dejado allí para los prisioneros. Abre lentamente los ojos, feliz, bajo la manta que lo conforta y que palpa con sus manos otra vez despiertas.

Y no cree lo que ve. En el marco de la puerta, que tira luz a las sombras espesas, una mujer alta, envuelta en el poncho de cuero que lo cubrió hace instantes, sonríe con sonrisa blanquísima, tan blanca como las líneas paralelas que surcan la cara parda y bajan desde los pómulos fuertes a la barbilla dulce y redondeada. Ahora hace un gesto que Blas de Cuenca trata de interpretar. Luego, ampliando la sonrisa, se golpea el pecho:

—Shh, huincá... Naicó, Naicó ...Leila.

Ipu Aclla

*A*pesar de que es ya septiembre, ni siquiera una leve brisa corta el aire caliente del valle cuzqueño. Hay luz todavía sobre los algarrobos, pero ha cantado el leke-leke y pronto anochecerá.

Ipu Aclla, sentada sobre una piedra frente a la quebrada del sacrificio, mira las llamas y alpacas que pastorean en la sierra y envidia a los seres y las cosas inmutables. Ella sí ha cambiado en esa primavera de 1534: un chorro frío sobre su cabeza y un sebo perfumado que el nuevo Gran Sacerdote fray Luis de Cuevas le puso sobre la frente con su gordo dedo de uña sucia, la han transformado en Blanca. Antes se llamaba Ipu, que en la lengua de los hombres barbados quiere decir "nube", y se la nombraba con reverencia "Ipu Aclla", Virgen del Sol, porque un día ya lejano, a los ocho años, entró en la Aclla-Huasi, la casa de Vírgenes y a los doce, hace ya cuatro, profesó en el culto de Viracocha, el Creador.

Como sus hermanas de la Casa —que los nuevos sacerdotes llaman "Convento"— Ipu ha debido convertirse a la nueva Fe. ¿Qué otra cosa le queda? Ahora mismo viene del Santuario del nuevo Pacha-Rurac, que se llama Jesucristo. Lo ha adornado con ceibos y se ha estado quieta, con los ojos clavados en ese hombre sufriente que pende de una cruz y que en nada se parece a Viracocha. Ipu siente que todos los dioses permanecen allí, detrás de los nuevos altares, esperando. De nada ha valido la destrucción de sus imágenes por los hombres de metal, ni tampoco las palabras de los sacerdotes blancos. Ipu sabe que la rodean los dioses de sus padres y abuelos, los dioses de su casta noble, cada vez que vuelve del Santuario y se queda así, suspendida, mirando hacia la quebrada del sacrificio, mientras su aya, su mamacona, la mira con angustia.

Allí, en esa quebrada, escucha los ayes de las Vírgenes sacrificadas al Dios y los balidos lúgubres de las llamas despeñadas. Nada muere, todo esta en el aire, en el silencio cóncavo viven las voces y también las almas de las cosas: la piedra, la hierba, el agua; pero también esta Inti, el Sol, de quien el Inca desciende, y que ya se oculta tras la montaña, como una enorme baya de achiote. Enrojece también la hermosa calzada que pasa muy cerca, ancha y segura y luego trepa, angosta, abrazando el monte. Por allí vio, de niña, desfilar los ejércitos del Inca Huaina-Cápac. Y ahora, en cambio, ha visto a los hombres distintos dirigirse hacia la ciudad del Sol.

Ipu no sabe qué extraño mandato de Viracocha —que tiene garras y suele ser cruel— ha traído tanta tristeza a su tierra. Tal vez la maldad de Atahualpa y la guerra con Huáscar causó la ira de los dioses y por eso desembarcaron en Tumbes, de unas casas flotantes, unos seres extraños que venían montados en carneros muy grandes. Al principio los creyeron dioses, pero luego la luz se hizo: en lugar del diluvio Huno Pachacuti que terminó el mundo una vez, ahora Viracocha ha mandado, también del agua, a estos hombres de ojos ávidos.

La inquietud aletea en el pecho de Ipu. Recuerda el día en que profesó, túnica blanca, guirnalda de oro y su pelo negro y luminoso porque su mamacona lo había enjuagado con orina caliente y agua de hierbas. Allí se lo arreglaron en trenzas sobre la frente. Como una Aclla debe llevarlo. Allí consagró su castidad a los Dioses, cocinó para su Esposo, el Sol, y bordó y tejió para la Pareja Imperial. Cada día, como una pepita de oro.

Ahora todo es distinto. Los días son pesados como el aire del valle y como él, presagian tormenta ¿Para quién vive desde ese verano nefasto de 1532? ¿Para quién teje la mascaipacha, símbolo de poder del Inca, si ahora —porque el Dios blanco lo manda— sólo es una trenza de hilo sin valor? La música es lo único que le queda y se refugia en ella. A solas con Maku, su servidora, en su fresca alcoba de la casa de Acllas, toca la quena de hueso enlazando sus lamentos al opaco tum-tum de la caja con que Maku la acompaña. Cada vez menos, a decir verdad ; porque ahora ha sido puesta otra vez al cuidado de su mamacona, quien la educó de niña, la llevó a profesar y hoy la mira con algo extraño en la mirada. Ipu está sentada sobre la piedra y nada dice, mientras juega

41

con la hierba larga y sedosa del pastoreo. Son los dioses los que deben hablar. ¿Por qué no lo hacen? Inti sigue alumbrando, día a día, aún cuando los invasores han robado las riquezas de su templo y su imagen venerada. Y Viracocha, ¿por qué ha ensordecido? Ipu recita la plegaria de los días felices, "Oh, Viracocha, no abrevies los días del Inca y danos paz, oh Creador", pero siente el abandono.

Los nuevos Grandes Sacerdotes son tolerantes con las cosas del culto, pero no las fomentan. Sólo se ha festejado el nacimiento del Rurac Jesucristo, ocurrido en un reino llamado Belén, muy, muy lejos de allí. Por eso, para Ipu, Jesucristo es extranjero. ¿Por qué habría de ocuparse de ellos? En cambio, la última Fiesta del Sol fue apenas el gesto melancólico de un linaje que muere. No congregó como en otro tiempo a todos los pueblos del reino, ni tampoco hubo sacerdotes con vestiduras magníficas. Sólo las Acllas fueron a la Plaza, apenas tocadas con sus velos grises, a la hora en que Inti aparece tras la cordillera.

Culto y dioses, todo ha desaparecido; y además está el hombre. El hombre simboliza para Ipu la destrucción. Tiene barbas como espigas y ha fijado en ella sus ojos de agua tranquila. Pero no son tranquilos, no. Durante la ceremonia en la Plaza sintió la mirada resbalar sobre sus hombros desde lo alto de la cabalgadura y detenerse en su pecho, como un aguijón quemante. Después, cuando Ipu alzaba al Gran Inti su cesta con el pan de yuca para la bendición, el hombre se aproximó y, sin apearse, tomó una rodaja y la devoró con su boca escondida en la barba de mazorca. Ni el Inca poderoso hubiera osado comer el Pan Sagrado pero el hombre toma lo que quiere y por eso Ipu le teme. Sabe también que ha venido para quedarse y poseer.

Inti manda sus últimos rayos hacia la tierra sin consuelo. Un celaje grisáceo ha devorado el pico de los montes cercanos y la brisa que empieza a soplar peina la hierba y la vuelve de plata. Ipu sabe que algo le dice el Todo que la rodea y no está tranquila. Algo está madurando a su alrededor desde hace varias lunas; algo está latiendo amenazante, como un oscuro animal al acecho.

Aparta los ojos de la hierba que el aire suave lame, porque su mamacona le habla llamándola "Camri Ñusta". Y le habla de su suerte: por ser la más hermosa el Capitán Ruy de Cepeda, que acompaña al viracocha Pizarro apenas dos pasos más atrás, la ha elegido para concubina. El Capitán Ruy de Cepeda es *el hombre*.

Oye la voz que le asegura que será una señora cristiana, tan importante como las que —dicen— pronto llegarán de lejos; que sus hijos serán mitad dioses y que así su amada tierra se poblará de hombres más fuertes y mejores. Y en la dulce lengua quechua, eso le suena a blasfemia.

Ipu recuesta su cabeza doliente en el regazo de su mamacona. A su alrededor, las sombras crecen, violetas. Siente que las manos maternales le sueltan las trenzas, se las desmadejan lentamente. El pelo cae ahora sobre los hombros y los lados de la cara, algo tieso todavía, duramente ondeado en la memoria de su tocado virginal. Poco falta ya para que destrencen también el cordón de su cintura.

Elvira

Carta entregada a Don Luis de Perpiñán, marino de
La Magdalena, escrita en Santa María del Buen Ayre,
el 20 de abril del año del Señor de 1537.

A quienes pueda interesar y muy especial-
mente a Vuestras Mercedes, don Gaspar Díaz y doña
María de Altueba, padres de Diego Díaz y Altueba:

A la vista de *La Magdalena*, la nao capitana del
Magnífico Adelantado Don Pedro de Mendoza, que en
ella yace muy enfermo y puesto que han de partir en
breve para que el noble señor muera en su tierra, yo,
Elvira Morales, dicto esta carta a doña Catalina de Valdillo
que por mí la escribe y para que Vuestras Mercedes sepan, si es que no lo han sabido ya, que a Dios rindió su
alma vuestro hijo, que en Gloria esté.

No espero que me recuerden, porque era muy niña, apenas un palmo más alta que Diego cuando jugábamos juntos, allá en Ávila, la tierra tan llorada. Por entonces teníamos en la vecindad a los hijos de don Alonso de Cepeda, uno de los cuales, Rodrigo, ha venido a estas tierras en el nombre de la Cruz, y su hermana, de nombre Teresa, profesó en el Carmelo y ya va para santa; aunque por ser ellos de familia hidalga les debíamos respeto Diego y yo, por la cercanía les tratábamos; y siempre nos leían libros de Caballerías y allí conocimos a Rolando y a Tirante el Blanco. Y esas lecturas fueron las que le hicieron venir a don Rodrigo y también a Diego y a mí, que bien lo planeamos a su tiempo. Y yo no vine casada sino por casar, pero no para el refocilar de los marineros, como algunas lo hicieron.

Sabrán Vuestras Mercedes que el muy noble Adelantado Don Pedro de Mendoza armó una rica expedición a las nuevas tierras, harto llenas las naves de sedas suntuosas y paños y también armas y caballos, pero pocos bastimentos, lo que pensaban compensar con la riqueza de los suelos y de los naturales que hallarían, en un todo semejante a lo que a Pizarro le aconteciera. Muchas eran las naves; Diego y yo fuimos embarcados en el galeón *Santa Catalina,* donde también viajaban varios soldados que no hablaban castilla. Y a Diego le tocó ir en las crujías de proa, mientras que yo y otras mujeres tuvimos acomodo en la popa y mejor trato. Pero como en nuestra expedición no vinieron señoras principales, ninguna tuvo recámara para sí sola, salvo María Dávila, que con Don Pedro dormía y le cuidaba. Sepan Vuestras Mercedes que es asaz difícil la vida a bordo y conservar el pudor cuando hay que lavarse y hacer las necesidades que Dios puso en el hombre, sin ofender en lo posible; y lo más negro era la pestilencia de las heces en la sentina y el hedor de los orinales volcados, que algunos los hay que no son cuidadosos. Muchas fueron las ocasiones en que, para dejar cierta intimidad a las mujeres cuando las visitaban los maridos en el lecho, yo me sentaba en cubierta y Diego se tendía a mi lado con su cabeza en mis faldas y hablábamos de las sirenas y de la riqueza que hallaríamos en la nueva tierra. En las noches de cielo duro y distinto, las naves eran como fantasmas que hollaban ese mundo desconocido, sin permiso de Dios. Nos estábamos —él en mi regazo y mi mano detenida en su cabeza— a veces mudos y tan quietos como si estuviéramos a la vera de las horas, que reptaban a nuestro lado, sin tocarnos.

Durante el día, en los ratos de ocio, luchábamos contra el tedio contando consejas y cantando coplas. Y esperábamos ir a dar —como Don Pedro esperaba— en tierras como las de La Florida, donde crecía el Yucatán que le curaría de sus pústulas y mala fiebre. Pero no lo quiso el destino, pues dimos con costas bajas de pastos duros. Y no quiero decir que el Hado nos fue adverso, pero sí que hubo una mala disposición desde el principio: las rencillas con los habitantes de las Canarias, los días de calma chicha, la muerte del capitán

Osorio, el extravío de *La Marañona* y al fin la recalada en estas comarcas de indios pobrísimos de ánimo y bastimentos.

El real fue fundado junto al puerto que Don Pedro y sus capitanes juzgaron propicio y allí amarraron los doce navíos que cabeceaban como asintiendo. La empalizada fue de barro y madera de ñandubay, que por aquí abunda y es muy fuerte. Y las casucas de barro y paja y los techos de una caña que aquí crece y le dicen totora. Pero los capitanes no descendieron de las naves ni tampoco el Adelantado, que sufría en su lecho de *La Magdalena*.

En el real éramos pocos. Diego y yo ocupamos una choza junto a los padres mercedarios y comenzamos a convivir, pero no hacíamos vida de matrimonio más que para el pan y el trabajo. Él se encargaba de mantener limpios los cañones apostados en la muralla y yo ayudaba en cuanta tarea había menester por entonces, que eran muchas, pues hubo que ingeniárselas para batir el hambre. No hallamos oro ni perlas, ni riquezas como las de Hernando Pizarro, sino llanura y viento y por allí he salido con otras a ballestear la poca caza que había.

Y fue una noche en que asábamos dos palomas que hice hombre a vuestro hijo, al calor del fuego y de la mucha pasión de sus quince años. Y a pesar de ser yo cuatro mayor que él y haber conocido hombre, mi cuerpo fue puro cuando se lo entregué. Y toda la noche nos disfrutamos al amparo de llamas y brasas. Al día siguiente un fraile de los mercedarios nos desposó para que no viviéramos en pecado y puesto que yo ya no era su guarda sino su mujer; y tuvimos por padrinos a Isabel de Guevara y su marido, el sevillano Pedro de Esquivel.

Nuestra vida en el real fue muy dura, llena de peligros, no sólo de indios que a poco nos fueron esquivos, sino de tigres cebados y otras alimañas. Lo cierto es que en los primeros tiempos bien nos arreglamos con la galleta y los garbanzos que aún quedaban y la carne de gusto salvaje que los naturales nos traían; pero luego esto se acabó y la escasez fue terrible. Y así era que de noche nos quedábamos a la lumbre, con las tripas doloridas y sonando por la gran hambre y pensando que sólo el Apóstol Santiago podía salvarnos —o tal vez las sirenas— decía Diego. Yo era más inclinada a confiar en el Apóstol, pues es sabido que se aparece todo él blanco y montando su caballo y con la Cruz que sólo verla da consuelo, pero Diego era más dado a hablar de las sirenas, que siendo niño lo deslumbraron y mucho por los relatos del Almirante, que desde que llegó a este nuevo mundo dice haberlas visto y así lo ha escrito; que tenían —dice— larga cabellera verdosa y cuerpo de pez. Es cosa sabida que ayudan a los navegantes, así que Diego esperaba en ellas y en el mucho pescado que sacarían del río. Y que nosotros apenas podíamos lograr con las pobres redes que habíamos tejido las mujeres. Y luego vino el combate grande contra los indios por una mala orden de Don Pedro y allí murieron los Benavídez y muchos otros. Los querandíes sitiaron el real y sus flechas encendidas nos quemaban los techos y la hambre ya no tuvo fin. Todos andaban a los tumbos, con ojos enfebrecidos y apretándose los vientres con las manos y llorando. Y la gente se diezmó.

Para esto escribo a Vuestras Mercedes, para que sepan que Diego no murió en soledad sino bien atendido por mí, que como a un hijo lo cuidé. Dios bendiga a las mujeres, que fuimos pocas pero mucho hicimos cada una por su hombre y por otros también.

Así que yo acunaba a Diego en la penumbra de la casuca, su cabeza otra vez en mi regazo, y él con los ojos llorosos llamaba a su madre con voz de niño, por lo que a mi pecho lo puse y le di mis pezones como de piedra dura, para engañar su alma y su hambre. Y lo mecía y le cantaba, que lo prefería dormido porque despierto clamaba por las murallas de Ávila y voceaba a sus vacas, la Rosita y la Rucuca, y a mí también ya me parecía ver a las cigüeñas anidar en las chimeneas de la calle del Santo Cristo. Que así lo pasábamos, de cuerdos a locos y comiéndonos hasta los cueros de los zapatos y el caldo de la camisa, porque el sitio de los indios no nos permitía cazar ni aves ni lobos de mar, ni pescar ni nada y ya las ratas y cualesquiera otras alimañas del Señor que hubo habido, se habían terminado.

Hasta que un día los indios se fueron pero la hambre no, y sí en cambio las fuerzas; y así fue que Don Pedro decidió marcharse de regreso a España. Y por entonces aconteció el día más triste entre los tristes, el 29 de julio de 1539, para que lo guardéis en vuestra memoria os lo digo y hagáis decir misas en sufragio del alma de vuestro hijo, que la entregó al Creador, y así fue: Había amanecido gris y frío como nunca; yo lo acunaba en mis brazos esperando que el capitán Ayolas llegara con alimentos, que para eso lo había enviado

Don Pedro, río arriba. Súbitamente despertó y me arrojó de espaldas, volviendo quizá de un sueño de abundancia, y como enajenado salió corriendo hacia el agua y yo y fray Antonio detrás de sus pasos tambaleantes. Como por la orilla acertara a pasar, a medias sumergido, un tronco de sauce que llevaba hojas y desnudo se veía en las aguas crespas, fue por la orilla persiguiéndole con renovado brío y gritando: ¡Una sirena! ¡Una sirena! Hasta que cayó exhausto y pereció. Con ayuda de fray Antonio y de mis pobres fuerzas cavé una fosa y le enterré para evitar que le comieran, tan grande era la necesidad.

Poco voy a deciros de lo que resta, pues lo que importa ya está cumplido. Sabed que el capitán Ayolas regresó con auxilios y comida y muchos se fueron con él, hombres y mujeres, cuando se volvió río arriba. También iba Don Pedro, ya muy llagado todo su cuerpo, pero aún confiaba en hallar el Yucatán; y que las mujeres que quedamos aquí, animosas y enteras todavía, junto con Francisco Ruiz Galán y otros valientes, sembramos con las semillas que trajo Ayolas y trazamos una nueva ciudad y hasta iglesia hicimos con restos de navíos; pero de nada han valido nuestros trabajos pues Don Pedro regresó desalentado por las penurias. Él solo volvió, pues ya no resistía y como el capitán Ayolas y los cuatrocientos que lo acompañaron no terminan de regresar, ha decidido despoblar Buenos Ayres. Mucho lloramos mientras oíamos la orden. Al norte iremos, a la tierra de la Asunción, pero mi alma quedará aquí, en el barro de esta costa baja, en donde Diego descansa.

Con Luis de Perpiñán os envío esta carta, pues él se embarca en la nao de Don Pedro de Mendoza, quien se va de regreso, ya casi muerto. La nave negra de brea espera, como un cuervo enorme sobre las aguas, y en las cruces de su arboladura, veo las del cementerio. Allí se van enterradas, por cierto, nuestras ilusiones.

Que Dios guarde a Vuestras Mercedes y a nosotros nos dé consolación, en esta tierra de sufrir.

ELVIRA MORALES

Q. B. S. P.

Inés

*H*ay un brillo de sables espejando en los anchos ojos azules de Inés de Suárez, ojos de lago que tanto ama Valdivia. Son como el mar de la Serena —dice—. La Serena, que fundaron en 1544.

Columnas de esforzados españoles reflejan los ojos de Inés. Durante años han recorrido montes, pedregales, riberas de ríos transparentes, entre nieves y ardores. Ahora, a los veinte días del mes de noviembre de 1549, mira un paisaje que para siempre le será arrebatado; y vuelan sus doloridos pensamientos:

"No guardo, no guardaré rencores. Puedo ver, recortada contra un sol que por años vimos nacer y morir juntos, tu amada cabeza. En sus cabellos han jugado mis dedos encendiendo una pasión que jamás tendrás con doña Marina, por más esposa que sea. ¿La traerás para que coseche lo que yo sembré? Vendrá la esposa niña, a quien ya ni recuerdas, a ocupar mi lugar. No importa. A tu lado será poco más que una sombra. Hasta el último soldado, desde el más viejo al más joven, te recordarán siempre, Pedro de Valdivia, cabalgando a la par de la mujer morena de ojos azules.

"He sido tu madre, tu amiga, tu amante; soy tu hija ahora porque me casarás con don Rodrigo de Quiroga. ¿Crees que por una orden del Gobernador La Gasca, podré darle la vida a don Rodrigo, como a ti —y para siempre— te la he dado? ¡Ah, pero tú te sometes, tú obedeces! ¿Qué puede valer el amor de una hembra, comparado con el poder y la riqueza? Sé que has mandado a Jerónimo para que te gestione el título de marqués, amo y Gobernador de Santiago y yo soy mercancía de trueque. Porque la ambición te pierde una vez más, Valdivia, me cambiarás por honores; tus manos olvidarán la forma de mis pechos y volverás a ser esposo.

"¿Recuerdas aquel amanecer? Fue el 20 de enero de 1540, cuando salimos del Cuzco por el camino real de Atucancha. Íbamos rumbo a Arequipa, para pasar luego a Chile, pero nadie daba dos reales por tu empresa. ¡Guerrear contra los araucanos! Había incredulidad en aquellas miradas, eras "el loco Valdivia" y yo "la flor del Cuzco". ¡Flor, florcita! me gritaban, a mí, que iba a horcajadas, jugando a ser varón. Celebran tu apostura, Inés —decías riendo y más relumbraba tu pelo que tu armadura y más golpeaba mi corazón que los cascos de mi caballo.

"Once meses cabalgamos y sufrimos, probados por penurias sin medida, hasta que al fin, el valle del Mapocho nos hincó de rodillas. ¡Allí estaba Dios! Y allí me regalaste, al pie del peñasco que los araucanos llaman Huelén, la ciudad de Santiago del Nuevo Extremo. ¡Cómo olvidar los trabajos, desde diciembre, cuando llegamos, hasta febrero, en que echaste los mandobles al aire y la fundaste para gloria del Rey!

"Las tardes de bochorno nos bañábamos en el Mapocho, mientras el fiel García cuidaba nuestra intimidad. ¿Habrá quizás espiado entre los árboles tu desnudez viril y mi espalda adolescente? ¿Habrá entrevisto entre las hojas los juegos en el agua clarísima, que encendía mis hombros y tus manos? ¿Puedes, todavía, oír aquellos sonidos del amor, que en mi corazón resuenan con más fuerza que los de la guerra?

"Y también —por ti— fui hombre, Valdivia. En tu ausencia y por tu mandato cuidé Santiago, ensarté enemigos con mi lanza y por mi brazo corrió su sangre ¿Es que no sabes, acaso, que he sido el cordel de tu medalla?

"Ya no iré a tu lado —como decías— mariposa temblando en el filo de tu espada. Es tu ambición la que me aleja, pero yo te conozco, hay congoja en tu alma. Sé que irás masticando tu pena, rebelde como el charque duro y salado que tragarás junto con las lágrimas. Y para siempre hallarás mi olor y mi tibieza en las blondas de tus almohadas o en la montura al raso, dondequiera que duermas, dondequiera que apoyes tu cabeza."

Un cielo rojo, de presagio, vuelve violetas los ojos de Inés de Suárez. Pronto arderán en ellos, los fuegos del vivac. Son las últimas horas del último día. Ya está preparado su viaje a Lima, como La Gasca ha dispuesto. Inés entra en su tienda y también en la Historia, que fluye a su antojo: Valdivia será asesinado por el cacique araucano Lautaro, a poco de asumir la gobernación; doña Marina, que venía a disfrutar con él de títulos y honores, ha de arribar ya viuda a las Indias y morirá, después de innumerables penas, sola y desamparada.

Rodrigo de Quiroga, que casó con Inés, fue dos veces Gobernador de Santiago. Ella mandó levantar, en esa ciudad, una ermita en memoria de Valdivia. Tal vez allí, en soledad, habrá cerrado sus ojos para retener en ellos imágenes de aceros y lanzas, de amor luminoso, de oscuro destino.

Mencia

*S*ólo el fru-fru de las faldas, el sonido amenguado de los chapines en el piso encerado y los suspiros de doña Mencia se dejan oír en la habitación penumbrosa en la que don Juan de Sanabria agoniza.

En la casa de ladrillos de greda con musgo en las juntas y techo de tejas, la más grande de Extremadura, todo es duelo. Atrás quedaron los preparativos para el viaje a las Indias, en donde don Juan sería Adelantado por expreso deseo del muy piadoso señor, el Rey Don Felipe, afligido por las noticias escandalosas que llegan de la Asunción. Por eso, en los pensamientos de doña Mencia no está sólo el recuerdo de los paseos con don Juan por el encinar de sus tierras, al pie de la Sierra Morena. En su ensueño dolorido hay también carabelas naufragadas y arcones vacíos.

En las cocinas, el luto no llena las ánforas. Y las liebres que ha traído a la casa Diego, el hijo varón, que entretiene sus dieciocho años en las lides de la holganza, también reposan sin destino. Es que no habrá grandes comidas en la casa del noble señor que, en este momento, acaba de morir. Tan sólo unos caldos dejados al rescoldo para cuando doña Mencia o las señoritas tuvieran deseos de beber. Y eso, hasta que enterraran a padre y marido con toda la pompa que ordenase el Consejo de Indias.

Febrero de 1550. El salón de la casa de los Sanabria se prepara para recibir a los enviados del marqués de Modéjar. ¿Qué contestaría el Consejo a la propuesta atrevida de doña Mencia? Ser ella la Adelantada y así aprovechar los preparativos y el reclutamiento de las cuarenta y cinco jóvenes mujeres que irían a la Asunción para casar con españoles y contrarrestar la política permisiva de Irala. ¡Pero si es una vergüenza Su Señoría, viven todos en pecado!

No hay demasiados reparos salvo uno tibio, al principio, basado en su condición femenina, pero la extremeña de treinta y ocho años halla pronto la solución: su hijo Diego, aunque mozo, será el nuevo adelantado Sanabria y, para compartir responsabilidades y ocuparse de las economías es nombrado Juan de Salazar, que bien conoce la Asunción por haberla fundado.

Y es así que el 10 de abril de 1550 parte de San Lúcar de Barrameda la escuadra de Sanabria: en un barco de gran envergadura, el *San Miguel*, van damas "de pro" con sus maridos, además de algunas viudas principales, tal vez con el deseo de contraer nuevo matrimonio en esas tierras tan pobres de mujeres españolas, y doña Mencia con sus hijas, casi todas las jóvenes por casar y dos sacerdotes. La segunda nave es una carabela ocupada por el piloto Becerra y toda su familia. La tercera, con bastimentos y enseres, capitaneada por Ovando.

Pero la alegría de la partida, las risas y adioses felices pronto dejan paso a la realidad: la nave de Ovando naufraga a poco de partir, lo que queda en las otras es saqueado por piratas franceses y a los vendavales les sucede una calma chicha que los hincará de rodillas y se lleva la vida de la más pequeña de las hijas de Mencia, que no resiste a unas fiebres.

Y nueve meses pasan, hasta llegar a la isla de Santa Catalina. ¿Quién podría imaginar el deleite de los sentidos al tenderse sobre la arena blanca de sol, beber agua de coco, bañarse en el mar cálido y dorado y poner luego a secar las camisas, tiesas de sal? Pero los tupíes acechan en la espesura y don Juan de Salazar bien sabe de su fiereza, de modo que aconseja a doña Mencia abandonar la zona y guarecerse en Mbiazá, mucho más seguro.

Hacia allá van, cruzados por la nave de Becerra, pues al querido *San Miguel*, el bergantín de doña Mencia, hay que hundirlo, tan destrozado está.

65

Pero ni la muerte del capitán Becerra y de algunos de sus marineros al estrellarse su nave, la única que quedaba, contra las rocas, arredra a doña Mencia:

—Construiremos otra —dice— y se llamará *La Intrépida*.

Y el año vivido en el Mbiazá es pródigo en bellezas naturales y en amores: allí nace, de María, la hija de quince años de doña Mencia, Hernando de Trejo y Sanabria, quien será el primer obispo criollo. El matrimonio de la joven con don Hernando de Trejo, había sido celebrado nueve meses antes por fray Bartolomé, franciscano que acompañaba la expedición y que morirá de fiebres antes de llegar a destino.

Mucho trabajan hombres y mujeres para construir *La Intrépida* con los restos de las otras naves. Años después, en la quietud de su casa asunceña, doña Mencia relatará esta historia a sus nietos asombrados: cómo fue botada la nueva nave, cómo navegaron con el entusiasmo por equipaje, cómo llegaron al punto que les pareció indicado, hasta donde les permitía el Tratado de Tordesillas. Y que ese punto se llamó Puerto de San Francisco. Y que tomaron posesión en nombre del Rey de España y echaron los mandobles al aire... pero no había materiales para construir, ni semillas. Y que así estaban las cosas, les contará, por lo cual aceptaron la invitación de Thomé de Souza , gobernador portugués de la isla de San Vicente, para reponerse y cargar provisiones. Los portugueses siempre fueron ambiciosos de tierra y precavidos ante el avance de los españoles y eso no fue sino un secuestro, dirá doña Mencia. Pero no lo sabíamos entonces y todos se dejaron seducir por las atenciones en ese edén que estaba justo, justo en los límites a los que el Tratado les permitía llegar. Y habrá algo de sonrojo en doña Mencia al contarles cómo se dejaron tentar, después de tantas privaciones, por los vestidos suntuosos que reemplazaban a los harapos y que recordaban la tierra tan lejana, sólo que éste era un paraíso, con sus aguas cálidas y transparentes, las arenas rubias y los manjares que daba la tierra.

A la primera y deslumbradora cena de bienvenida, siguieron muchas otras, música y paseos por las plantaciones de caña que los negros cultivaban. Y las damas reían al hundir sus dientes blancos en la pulpa dulce de la caña o del coco. ¡Así hubieran vivido para siempre! "¡Pero yo no!", dirá doña Mencia con el mismo ardor de sus treinta y ocho años de entonces. Y será verdad, porque al ver que los portugueses les impedían partir y que la fundación de San Francisco ya se había demorado más de dos años, decidió retirarse a un lugar de la isla, sin las mínimas comodidades y sin aceptar las atenciones de Thomé de Souza.

Doña Mencia se detendrá, quizás, en su minucioso relato, para recordar íntimamente cómo las esperanzas los habían abandonado ya, cuando tuvieron la fortuna de encontrar a Ulrico Schmidel, el lansquenete bávaro que había participado de la fundación de Buenos Ayres y que volvía a la Europa, después de múltiples servicios prestados a Irala, en Asunción. Fue él quien llevó al Consejo de Indias una carta de Salazar y el pedido de doña Mencia, para que les permitieran abandonar la isla.

Y no se cansará de contar la alegría de todos cuando llegó el salvoconducto del rey de Portugal, y pudieron partir. "Y —dirá doña Mencia emocionada— Thomé de Souza se comportó de modo muy gentil: nos entregó ajuares para las damas, buena ropa para los hombres, enseres de labranza, semillas y toda clase de bastimentos". Antes de partir a la aventura, Mencia hizo saber las nuevas que le habían llegado junto con el salvoconducto: ante la falta de noticias, Irala había sido confirmado en el cargo. ¿Valdría la pena seguir? "¡Sí!", dirán todos a una.

Pero nada sería fácil para este grupo, aguerrido como pocos: al llegar al Sitio de San Francisco encontrarían las calaveras de los guardias que allí habían quedado. A pesar de esto, que era una muda amenaza para todos, de parte de los temibles tupíes, comenzaron con la construcción del poblado. Pero las flechas envenenadas no daban tregua y así, luego de meses de zozobra permanente, se resolvió dirigirse a Asunción, a las tierras de Irala, pero evitando la costa, donde aguardaban los tupíes, antropófagos, que se habrían dado un buen banquete con tanta doncella tierna. "De modo —contará doña Mencia a los ojos asombrados de sus nietos— que no hubo otra opción que ir por tierra y a pie."

Y entonces, fue penetrar en ese reino verdinegro y sentir la magia de un mundo distinto. Allá iban el padre

68

Carrillo y el guía de ojos astutos y ademanes perentorios, encabezando la marcha y luego el escribano y el piloto mayor y los capitanes y por fin las mujeres y los niños, Mencia, su hija María con su pequeño a la espalda a la manera india... todos bien custodiados. Pisaban el suelo blando de hojarasca, caminando por la picada de la selva, bajo un techo ojival que escondía el cielo, como por un tubo de atmósfera densa, oyendo los ruidos nocturnos y los silencios del día.

Apenas alcanzaban los sentidos para mirar las paredes espesas de la selva, las flores rojas y carnosas que colgaban como péndulos y los hilos de agua entre los helechos oscuros; oír las voces ásperas de las aves enormes y coloridas y el sonido rastrero de la víbora; sentir el miedo estimulante al zarpazo del puma; gustar la dulzura húmeda y escondida de los frutos silvestres.

Pero, de pronto, lianas y enredaderas se abrieron y, como en un escenario gigantesco, la catarata del Guaira apareció ante sus ojos. Miles de gotitas vaporosas cubrieron cabezas y andrajos. Eso era ya el pórtico del fin de la aventura.

Y en las frágiles canoas de los amigos guaraníes cruzaron el río ancho y raudo hacia la tierra prometida y descansaron en aldeas indias para seguir luego caminando, caminando...

Así, para sus nietos, rememorará Mencia aquellas cuatrocientas leguas recorridas para entrar, con sus bravas doncellas, en la ciudad de Asunción y ante la mirada atónita y ansiosa de los pobladores, varios años después de haber partido de la Patria.

Apoyándose los unos en los otros, raídos los uniformes y vestidos, pero con la sonrisa intacta llegó la gente de doña Mencia la Adelantada. Tañeron las campanas, crecieron los murmullos de asombro hasta ser risas y saludos.

España estaba entrando en esa tierra bárbara y hechicera, para fundar una estirpe, nueva y americana.

Miguela

Corre el verano de 1559 cuando Miguela Chávez aparta la cortina de ñandutí para que el sol asunceño entre en la alcoba. No es éste un día cualquiera: doña Mencia Calderón la recibirá en su casa. A tres años de su hazaña, doña Mencia es una figura de autoridad. Quizás ayude a Miguela a sentirse mejor, a encontrar su sitio, a comprender a esta sociedad criolla que ha trasladado a su pobre realidad los títulos y las formas rimbombantes de la España madura y ya casi barroca.

Pero Miguela es castellana y noble. Conoce más deberes que derechos. Ha sido criada de cara a la estepa y con las mismas rígidas normas de los primeros condes de Fernán Gonçález. Fernán se llama también su marido, Fernán Núñez de Vera, hidalgo como ella, aunque de nobleza retirada. Está emparentado con lo más granado de España, pero su padre renegó de la Corte y se asentó en Murcia, a trabajar huertas y ejercer el comercio. Desde que se casaron, Miguela adolescente y Fernán treintañero, se han visto poco. A los seis meses él partió para las Indias, sorbido el seso por los relatos de los que lo antecedieron y que no han dado tregua a sus aventuras, como Juan de Garay, su pariente. Ella misma es prima de Nufrio de Chávez, con quien Garay anda fundando poblaciones.

Y aquí está ahora por fin, también en Asunción, otra vez con Fernán, de quien sólo recordaba la voz grave, la barba rubia y el peso algo incómodo sobre su cuerpo en flor, en la gran cama de baldaquino que pertenece al ayer.

Nada sabe Miguela del placer de los sentidos. No se lo han enseñado ni los pudores de su aya ni los apuros de su marido. En los cuatro años que vivió sola en Castilla, la ha cobijado la sombra austera de su padre, Chávez de la Serna, y la mucho más dulce de su confesor, que tanto la acompañó en esos años, desde que Fernán partió con Orúe a refundar Buenos Ayres. Pero la empresa fracasó y ahora, establecido en Asunción, tiene el hidalgo su casa, amplia, como corresponde a su rango, con tres patios, sala y recámaras. La suya, donde está ahora Miguela, tiene una "hamaca", red tejida por las indias y que Fernán ha sujetado por los extremos a las vigas más bajas. Ella la rechaza. Prefiere la cama de madera tosca, pero con sábanas. No le gusta, no ha aprendido todavía a ver al hombre abandonado en esa cama bárbara. Él la deja sola, no la llama a su lado, se duerme columpiándose como en un mundo distinto.

Miguela se pregunta en esas noches, por qué vino a las Indias. Fernán tuvo razones para no traerla en su momento. La expedición de Orúe había demorado mucho para conformarse y Buenos Ayres era sinónimo de hambre, indios inhóspitos y dificultades. Pero luego comenzaron a llegar las cartas y, por fin, el llamado decisivo: "Venid porque os necesito. Hacedlo en la expedición de Núñez de Medina que por ser de comercio y además mi pariente, no han de faltaros atenciones". No había palabras de amor, pero el tono era de urgencia. Y Miguela Chávez y Ordóñez supo que iría a las Indias para cumplir con su deber.

Tuvo enseguida los papeles necesarios y su equipaje: tres vestidos de señora principal con manto, otros de tela fresca y una falda tornasol con jubón de raso, que realzaría su silueta perfecta, hilo de Holán para las camisas de su marido y en dos cofres de mimbre, platos de Talavera de la Reina, su vihuela, la banqueta que usó siempre en el estrado y nueces, avellanas y toda clase de especias. También los remedios más comunes, Belladonna para las jaquecas, Coloquíntida para la disentería; y sebo de buey, esencia de espliego fino y aceite de olivos del sur, para preparar sus jabones.

El viaje por mar no fue malo, sobre todo después de Las Canarias. Se sintió protegida por Núñez de Medina, que vigilaba su cámara y le hacía servir todos los días una ración de comida fresca; pero tuvieron que tocar tierra finalmente y de allí seguir viaje en mula. El zangoloteo de su cabalgadura puso piedras en el estómago de Miguela, pero todo cambió al abordar el bergantín que los llevaría a Asunción por un río anchísimo y generoso ¡tan diferente del Duero natal!

Y ni el calor, ni los mosquitos ni el cansancio modera-
ron su asombro. Miró el Paraná, un día de orillas bajas,
con los sauces lavando sus melenas y al otro las barran-
cas que ensombrecían el agua caudalosa. Y más tarde el
Paragua-i con su selva rumorosa de ruidos extraños y
perturbadores. Y gozó la dulzura del aire y el latido
nocturno de las luciérnagas acompasando su corazón.
Miguela fue otra, como si conocer ese mundo fuera
una revelación y un despertar; y le dolieron los ojos,
sólo acostumbrados a la aridez de su tierra.

Y aquí está ahora, donde la hemos dejado, des-
corriendo una cortina para que el último sol entre en
su alcoba, en esta casa que será su hogar para siempre. No puede decirse que sea feliz; don Fernán la ha
recibido con grandes honores, pero no hace una vida
estable; aún buscan la ciudad de los Césares con
empecinada esperanza y entonces Miguela queda sola
a menudo, con la misión que su marido le ha enco-
mendado: españolizar la casa.

La desilusión campea en su alma. Asunción no es
más que una pobre aldea; la maravillosa vegetación que
le sirvió de pórtico le hizo esperar una ciudad relucien-
te, brotada de tanta belleza. Pero no es así. Es cierto que
tiene su Cabildo que bien funciona y su Plaza Mayor y
su Iglesia. Pero las casas son de adobe prensado, con cal
y techos de palma. Pronto los reemplazarán por tejuelas,
que Fernán le ha dicho que ya las fabrican.

No sabe bien qué la entristece. Este es un mundo
nuevo y todo está por hacerse. ¿Qué diría entonces doña
Elvira Morales, que le ha contado sus penurias, desde

el hambre de Buenos Ayres, su despoblamiento y el penoso viaje hasta Asunción? Hay muchas cosas que Miguela querría preguntarle y también a doña Mencia, que ella sabe que saben. Pedirles que le hablen del "Paraíso de Mahoma", porque hasta en España nombraban así a Asunción; ya se sabía de españoles amancebados con indias, madre, hijas, hermanas, todas viviendo juntas y sirviendo al mismo amo en cama y cocina. ¿Habrá sido Fernán uno de ellos? ¿Y qué esperas, Miguela? ¿No han estado separados cuatro años? Él es fuerte, de gran temperamento. La casa está llena de indias que trajinan de patio en patio. Prendidos de sus faldas van sus críos, unos ya caminan, otros son de teta. Y ahí está el trabajo de Miguela: a las niñas hay que enseñarles maneras, a vestir a la española, a soltar el cuerpo que se pone rígido en contacto con sedas y moños, a decir "gracias señora" y las reverencias. Los niños aprenderán a cabalgar con montura fina, y es Fernán quien les enseña. Y todos deben conocer y amar a Jesús, con ayuda de fray Segundo. Son mestizos muchos de estos niños que juegan al sol; algo, algo familiar les ve ella en el fondo de la mirada. Y también le parece ver algo en la cara de las indias que la sirven: la que le trae la jofaina de plata por las mañanas, la que tiende su cama o hila su lana. Rostros impenetrables, de pómulos altos, ¿es odio, sumisión o burla lo que cree ver en ellos?

Ha corrido ahora la cortina y, al hacerlo, brilla el brazalete de plata del Cuzco que Fernán le regaló al llegar. Ya está lista para visitar a doña Mencia; lleva falda y jubón azul, como la pluma de su sombrero. Viste como en Castilla. Ha impuesto definitivamente las costumbres de su patria —para eso la quiere Fernán a su lado— aunque adaptando aquello que da la nueva tierra y que es su oro y su plata: el maíz, el zapallo, la mandioca, los tejidos. Pero no acaba de acostumbrarse a este duro trasplante ¿no volverá a ver la nieve? Oye a los mesticitos cantar el *Agnus Dei,* ve a las indias que aprenden a trinchar las aves, pero algo no encaja y ese algo es ella. Se siente intrusa, aunque Fernán le da su lugar de señora, la trata con afecto y cortesía y de vez en cuando abandona su hamaca y la cubre con su cuerpo en la gran cama de quebracho. Porque su vientre debe fructificar, para poblar esta tierra con gente hidalga.

Miguela piensa a veces en su futuro hijo, que tendrá su piel blanca de castellana visigoda y los ojos azules de Fernán. ¿Qué derecho tienen ellos de traerlo a un mundo donde sus amigos serán tan diferentes de él? Y el niño ¿podrá ser concebido sin amor? Porque no es amor esa cosa rápida, animal y casi anónima. ¿Es así, realmente? Miguela sabe que es bella. Se lo dice el espejo y las miradas torvas de los indios de la casa y las mucho más turbadoras de los marinos de la nave en que viajó. Entonces, ¿también, como la ciudad, el amor tiene un pórtico maravilloso y después es casi nada? Quizá porque ella es distante, Fernán pasa poco tiempo en la casa. Muchas veces él duerme en otro sitio, ¿dónde? Ella ha oído hablar de la sensualidad de las indias y la palabra la perturba, pero a los diecinueve años, ni siquiera sabe claramente lo que eso significa. Aunque un nombre, Nambá, gira en su cabeza y la llena de inquietudes vagas.

Nambá es una india guaraní, tal vez de su misma edad. Desde cuatro años atrás sirve a Fernán, le saca las pesadas botas, le enjuga la frente en las tardes calurosas, le sirve el vino áspero que traen del oeste. Ahora, desde la llegada de Miguela, es su doncella: limpia el estrado, acomoda su ropa. Ya no vive en la casa, sino en otra más pequeña, en un ángulo de la heredad. Aunque fray Segundo no la quiere y le ha pedido que la aparte de su lado, Nambá ha sido cristianada con el nombre de Lucía. Nunca fue desnuda de la cintura para arriba, como casi todas, hasta la llegada de Miguela. Siempre vistió túnica de Ahopoí, que sujeta sobre sus pechos. No puede decirse que sea hermosa, pero hay algo que atrae y adormece en la profundidad de sus ojos húmedos.

La relación entre ambas es buena. Miguela no puede enojarse con ella, aunque desconfía. Casi como en un juego, a la manera de los guaraníes, siempre intercambian regalos. Esto me das, esto te doy. El broche con el que Lucía prende su túnica, se lo ha dado Miguela; ella tiene a cambio, dos puntas de flecha y un amuleto guaraní. Ahora, con el silencio de sus pies desnudos, Lucía ha entrado en la alcoba. Trae rebanadas de mamón dulce y gajos de naranjas, por si Miguela quiere comer antes de vestirse. Pero ella ya está pronta y sólo espera a Fernán para ir juntos a la tertulia de doña Mencia. Como siempre, la india se detiene esperando el consentimiento para acercarse. Miguela se lo da y luego rechaza las frutas con un gesto, pero Lucía no lo ve; mira en cambio, fascinada, la caja de carey y nácar que brilla en el tocador. Miguela dice que sí, que la tome, que se la regala. Su padre moriría si supiera, pero a ella le gusta deslumbrar. Ve a la india apretar la caja contra su pecho y repara en un brazalete que adorna su brazo moreno. Un brazalete de plata del Cuzco. Entonces, barajadas, aparecen las razones, los porqués, el Paraíso de Mahoma, la cara reticente de las indias y los rasgos cercanos de los mestizos; y se siente sola y árida, extranjera; hasta que ve a Lucía, la india Nambá, acercarse con aquella mirada de dádiva, la misma de cuando le trajo el talismán. Nambá se quita el broche y su túnica cae. Ante los ojos azorados de Miguela, la india se contonea suavemente, mueve sus caderas de greda con un ritmo turbador, es una vara de caramelo que ofrece el esplendor de su desnudez. Miguela siente que le arrancan el sombrero, le sueltan el pelo y la blusa; las manos cálidas mariposean sobre su cuello, su escote. Miguela, párpados apretados, ya no puede ver a la Eva que ahora la abraza, le toma las manos, las guía por sus curvas calientes. Siente el pecado en el aire, en el *Ángelus* que suena en la iglesia cercana, en los cantos de los mestizos de fray Segundo, en el perfume espeso de los jazmines del patio y en las urgentes oleadas de su sangre. Cuando abre los ojos, la india ya no está. Se ha llevado la caja de carey.

Miguela oye los pasos de su marido que viene a buscarla y sonríe. Sonríe a su nueva imagen en el espejo, curva el brazo sobre su cabeza, se esponja el pelo y luego desprende uno a uno los botoncitos de su camisa. Doña Mencia puede esperar. Ella, encendida como una hoguera, tiene prisa por estrenar el regalo de Nambá.

Manuela

$\mathcal{P}$ocas cosas gustan tanto a Manuela como jugar al aro sobre el pasto verde, de cara al río San Javier, que le manda un aire fresco. Es junio de 1580 en Santa Fe, la ciudad fundada por Juan de Garay y, para aliviar su corazón, Manuela juega con sus hermanos pequeños, Luisa y Jerónimo. De los tres —dijo alguna vez su padre Diego de Ahumada— ella es la única que tiene historia: ha nacido en Santa Cruz de la Sierra, aunque poco recuerda de esa ciudad que no sea el gran aldabón de la puerta de su casa y el ajetreo del mercado, tan colorido.

No fue difícil mudarse de Santa Cruz a Asunción, siguiendo a Garay; de allí, en cambio, tiene memorias donde se entrelazan aromas y sonidos, el olor de los naranjos del primer patio y el de chipa-quesú del último, los cantos soñolientos de las indias guaraníes, el entrechocar de las pulseras de su madre española que movía su brazo, ordenando. Los cinco años que vivió en tierra paraguaya fueron una trama de aprendizajes y deslumbramientos: el río urgente, las canoas ligeras y la selva que late del otro lado, donde comienza el misterio.

Ahora ha cumplido quince y vive en Santa Fe. Fue en 1573 cuando su padre decidió unirse nuevamente a don Juan de Garay —el General— y abandonar Asunción para refundar Buenos Ayres. De nada valieron los llantos y las súplicas de la madre, Micaela Salas, de los Salas y Azcárate, que lo han dado todo para la Conquista. Ninguna razón fue válida. ¿Es que no veía don Pedro que Manuela era una niña hermosa que pronto habría de merecer y podría casarse con algún pariente de virrey? ¿Qué futuro le espera en las nuevas comarcas? Casi no van españoles en la empresa, sólo "mancebos de la tierra". ¡Y abandonar la casa! ¡Los indios ya dóciles y cristianados! ¡Demasiado se sabe de la fiereza de los calchines y timbúes!

Pero don Pedro nada quería oír. Había venido a fundar, a poblar. Él no pensaba abandonarse a la molicie como tantos otros; así, pues, se iría con Garay. En la primera margen que tocaran del Mar Dulce pensaban levantar San Salvador de Gaboto. Allí prepararían la expedición para remontar el gran río y refundar, por fin, Buenos Ayres. La magnitud del proyecto le desmesuraba los ojos y le entrecortaba el aliento, como alucinado de futuro. Pero doña Micaela, no. Durante los primeros días, todo lo vio empequeñecido y turbio, encerrado en una gotita de llanto; los que trajinaban llevando bultos, los que guardaban ropa blanca en los arcones, con naranjas y espliego. Porque a pesar de la pena, doña Micaela no resigna su destino de fundadora: estaría lista para cuando don Pedro ordenara reunírsele.

Primero partió la gente, tan sólo un puñado de españoles que era todo lo que había logrado el pregón y cincuenta mestizos, "mancebos de la tierra", duchos en el manejo de las armas. Don Pedro fue a campo con la mitad de ellos y arriando los caballos; el resto lo hizo en el bergantín de Garay, río abajo.

Pero los de a pie avanzan lentamente. La tierra abrasada, los mosquitos, la nigua que se mete debajo de las uñas, la espina ponzoñosa del vinal, escriben historia: don Pedro quedará con los suyos a la orilla del río, en la nación quiloaza, rehaciéndose de las penurias, mientras Garay sigue viaje por agua.

Después, la vuelta del General sin fundar Buenos Ayres y, finalmente, el asentamiento de Santa Fe, allí donde había quedado don Pedro. No poblarán el Plata por ahora, pero la nueva ciudad será buen puerto entre Asunción y la Córdoba de la Nueva Andalucía, que ha fundado Cabrera. Tal vez por eso, el fervor se apoderó de todos, hubo rollo de justicia y cuchilladas al aire: una ciudad había nacido. Y en el solar cercano al río que le ha tocado en suerte, don Pedro comienza a construir su casa.

Manuela recuerda bien la mudanza a Santa Fe: la despedida de doña Mencia Calderón, que le dio dulce de andaí, las palabras de aliento del Gobernador Suárez de Toledo y el abrazo salobre de Justina, su niñera india, que le prendió al cuello el amuleto "lleváte nikó che huainita", la mano con los dedos extendidos, la pequeña mano de azabache que paraba el maleficio y la mala suerte.

Aún hoy revive su regocijo al abordar el *San Miguel*. Un capitán español y algunos mancebos de la tierra, habían llegado a Asunción para buscar a las mujeres. Unos brazos morenos se tendieron para ayudarla a subir, Juan de Encino, mestizo, hijo de Justina y del señor de Encino, gentilhombre que después casó con española. Es apenas adolescente pero ya maneja las armas con soltura. Tiene la piel cobriza del indio y el garbo de su noble padre español. "¡Vamos, pequeña!" y toma a la niña por la cintura y la deposita luego con cuidado en la nave bamboleante.

A pesar del tiempo transcurrido, se ve parada en la proa del bergantín, partiendo en dos el lomo del río, que le guiña complicidades con cristalitos de sol. También ve a Juan trabajar incansablemente, limpiando la cubierta que ella pisa o desenredando las jarcias que sostienen las velas cuadradas, hinchadas por el viento. Pero en el atardecer siente a Juan a su espalda. Confluyen sus miradas en el garabato negro de la selva sobre el cielo naranja. Se suceden los paisajes: los paredones de piedra que abrazan playitas rubias reemplazan a la maraña y luego desaparecen para mostrar una costa baja, de vegetación amarillenta. Esa es su tierra. Se lo dice Juan, no sólo entonces sino durante los siete años que siguieron. Y bien recuerda Manuela la respuesta que el mancebo dio al maestro Pedro de Vega, cuando éste nombró a estas tierras como "tierras de España": "que las tierras son de los que han nacido en ellas", y la voz firme del maestro acallando la arrogancia.

A la escuela santafecina han concurrido los dos, porque Juan recibe los mismos cuidados que los hijos legítimos del señor de Encino; y también lleva su apellido y monta a lo español y usa botas negras que han costado sus dos buenas varas de lienzo; y cada vez que puede revuelve el pelo a la chiquilla que ya va espigando y la llama "criolla". Y don Pedro, su padre, le dice que sí, "criolla eres y eso es bueno porque será la nueva gente"; y le habla de lazos y de algo que nombra "mestizaje" y de tierras ganadas para el Rey y —mejor aún— para Jesucristo. Pero doña Micaela lo hace callar con gesto adusto porque para ella Manuela es española, oyes, española. Su vientre era más castellano que nunca cuando la concibió, porque había venido en nombre del Rey ¡y basta!

A Manuela la palabra "criolla" le gusta. Ser criolla quiere decir ser de aquí, pertenecer a este paisaje. España es un cuento, unas historias, un caserío blanco y ríos con lechos de piedra que corren entre paredes; y plantas y canciones que hablan de sitios y gente que nunca conocerá. Como los Reyes, por ejemplo.

Ser de aquí en cambio significa todo virgen, todo nuevo, las huertas y los olivos que tardarán mucho en fructificar. También ríos abiertos y orillas peligrosas en donde abunda la flecha silbadora de los calchines o el hambre del yacaré que duerme entre los juncales. Ser de aquí significa haber crecido en la amistad de Juan, el hijo de india y de español, mancebo de la tierra, y sentirse orgullosa de él al verlo pasar al galope junto a Lázaro de Venialbo.

Este nombre estremece a Manuela, que ha dejado de jugar al aro y mira a sus hermanos revolotear casi en el filo de la barranca, oscuros ya y recortados como sombras chinescas. Se entrega entonces a la pesadumbre: ¡Venialbo, Leiva, Romero, Villalta, Mosquera, Gallego, Ruiz! Los siete jefes. Eran valientes. El 1 de junio sus cabezas han rodado en la plaza. A lo lejos, ve cruzar un carro cachapecero que lleva troncos iguales a los del cadalso.

Y Manuela siente miasmas de sangre en el aire. La ciudad está quieta. Y hay madres y novias que lloran por sus hombres muertos.

¡Qué tristeza en Santa Fe, qué luto, apenas seis años después de fundada! ¡Y todo por las tierras! ¿Cómo pudieron pretender que Garay las repartiera entre españoles y criollos? ¿Cómo pudieron creer que tendrían iguales derechos? ¡Pero si ellos sólo sirven para "maloquear" contra el indio, cazar el puma o para las largas travesías fundadoras!

Y el descontento se hizo hiel en el pecho díscolo de los mancebos. Don Pedro —y muchos otros— lamentan que Abreu, el Gobernador del Tucumán, los haya utilizado para sus fines oscuros, destituir a Garay y extender sus dominios. Quizá —creen— no hubieran ajusticiado a los siete jefes si el General hubiera estado en Santa Fe. Pero ha bajado a refundar Buenos Ayres y Cristóbal de Arévalo, a quien creyeron uno de los suyos, conjuró la revuelta y los mandó a la muerte. Que Dios lo juzgue.

El juego ha terminado. Los niños vuelven componiéndose las ropas. Hay apuro porque esa noche se reza el rosario por el alma de los siete muertos, que pueden ser más, ya que las noticias que llegan del Tucumán dicen que el nuevo Gobernador Lerma ejecutó a los que escaparon hasta allí.

Fray Ignacio, dominico, que es joven y la quiere bien, le ha traído la despedida de Juan. Debe huir, está demasiado comprometido en apoyo de Lázaro de Venialbo. Tampoco el Tucumán es seguro para él porque Abreu, cabecilla oculto, ha muerto por un bocado harto sospechoso. Y Lerma no tendrá piedad. ¿A dónde irá? Manuela se quita del cuello el amuleto, la mano de azabache de Justina, y se lo envía con el fraile. Hora tras hora, sólo piensa en Juan que huye, vaya a saber por qué lugares, por las salinas hacia el oeste o metiéndose en tierra de matacos o payaguás. Casi no puede imaginarlo huyendo por desconocer la tierra que pisa. ¿Y si lo tuvieran oculto los buenos padrecitos de San Roque o la Merced? Tres noches transcurrieron desde entonces y las ha pasado en vela, santiguándose a cada rato para que la Inmaculada supiera que no decrece su vigilia y con los ojos clavados en la imagen que la luz de sebo vuelve animada.

Y fue en la tercera mañana, apenas entrevisto el día, cuando uno de los guardias que el Alguacil ha mandado apostar en las puertas de la ciudad corre dando voces por la aldea semidormida: ¡Hay un hombre muerto en la alberca! Y las voces golpean puertas y ventanas y van por las vides y los naranjales, enhebrando presagios y estremecimientos.

Todos han corrido al piletón que Francisco de Sierra hizo construir a la entrada de la ciudad, semejante a los de los patios andaluces. El guardia —el arma abandonada— se retuerce las manos y clama que tiró a una sombra; y que el arcabuzazo lo ha ido a recibir un fraile y si lo condenarán por eso. Pero ya lo sacan y es un dominico y Manuela, que se ha acercado temblando, suspira aliviada.

Hasta que ve una bota negra que asoma bajo la sotana y —antes de que descubran el rostro escondido en la capucha chorreante— el titilar burlón de una manita de azabache.

Rosalía

A la luz indecisa de la fogata que cada noche encienden en la margen del estrecho, Rosalía Torres garabatea unos papeles con su letra grande y desmañada. No es probanza de méritos para Su Majestad Don Felipe, Rey de España por la gracia de Dios. Tampoco es testamento porque allí, en esos hielos, han quedado para siempre su marido, Alonso Yepes y su pequeño hijo Diego. Pronto morirá ella también, en sus veinticuatro años, si Sarmiento de Gamboa no llega con refuerzos.

Rosalía Torres no está sola. Junto con ella hacen un círculo otros dieciséis españoles cuyas caras el fuego vuelve de cera. Termina el verano de 1587 en Rey Felipe, la endeble ciudad fundada por Gamboa en el estrecho que descubriera Magallanes. Rosalía Torres escribe la historia para dejarla allí, para que otros la encuentren, para que alguna vez se sepa cómo jugaron su vida en nombre de un Dios y un Rey que los han abandonado.

Están reunidos para morir juntos Antonio Castro y su mujer, Anita, que apenas se sostienen; los hermanos Alaniz, carpinteros sevillanos, dos fuertes mozos cuando se alistaron, ya dos espectros; Mari Gómez, granadina que fue de mucha hermosura y hunde sus ojos de uva negra en las cuencas profundas; ella misma, Rosalía, que ha sido siempre exuberante, y tiene ahora el porte de la esbeltez. Apartado del grupo y juntando mariscos, que son el único sustento porque la cecina y el queso hace mucho que se acabaron, se estira el cuerpo elástico de Túnez, llamado así porque allí nació y cuyo verdadero nombre ya ni recuerdan. ¡Ah, si no fuera por él ya hubieran muerto! El muchacho oyó el pregón en Andalucía, donde se hallaba sirviendo a un amo y fue reclutado con ellos en 1583. No vinieron en la primera expedición de Sarmiento de Gamboa. Rosalía tardó en convencer a su marido, porque los ires y venires que la empresa padeció, la mala suerte que parecía perseguirla, lo habían desanimado. Ella, en cambio, sintió en su sangre, desde el principio, el ardor de la aventura.

En el puerto de Cádiz andaba merodeando, mirando los preparativos, sus faldas recogidas para que no se mojaran en los muelles carcomidos, oyendo las voces engoladas de los pregoneros que reclutaban a la "gente" de la epopeya pobladora que iría al punto más austral de las nuevas tierras a fundar ciudades y emplazar cañones, para que Drake y otros piratas de su calaña no pudieran alcanzar el Pacífico. Y la gente respondía, nunca se vio nada parecido. Se alistaban artesanos de toda índole, agricultores, mujeres para amasar el pan o formar familia.

Los días fueron de expectativa, novedad para los que contemplaban de cerca los pertrechos y los fardos que los marineros cargaban en los bateles y de éstos a las naves. Veintitrés fueron alistadas, muy diferentes de los barcos anchos y chatos del Mediterráneo. Rosalía se quedaba quieta, a veces sentada en un montón de sogas, con su pequeño en el regazo, mirando el trajinar de marineros, capitanes y pilotos. Sentía en el aire un olor diferente, que parecía llegarle de ultramar. ¡Cómo hubiera querido irse entonces! ¿Fue la sed de espacio que mamó en Castilla o el sino aventurero de su abuelo portugués? No lo sabe Rosalía, mientras escribe la memoria de su desatino. Ya hace tiempo que ha dejado de culparse y de llorar, de pensar que fue por ella que Alonso Yepes se enroló como alguacil del agua en la carabela *Santa María de Castro,* que iba a reforzar las colonias que —presumían— ya había fundado Gamboa.

Salen alegres, esperanzados. Con el ánimo sobrecogido tropiezan con Gamboa en Río de Janeiro, que ha debido volverse después de muchas penurias, sin lograr asentarse en las costas del Estrecho. Con el refuerzo de la *Santa María,* volverán a intentarlo.

La pluma de Rosalía vuela sobre el papel para contar las angustias, el miedo con que, el 4 de febrero de 1584, bajan a las tierras de la desolación hombres, mujeres y niños, azotados por el viento, detrás de Gamboa, que porta una gran cruz. Todo, todo quedará registrado en las páginas que escribe: la fundación de las dos ciudades, los períodos de bonanza, la nieve que cae sin arrepentimiento, las enfermedades, la muerte, la tormenta que corta las amarras del barco de Gamboa y lo arrastra fuera del Estrecho, la vigilia esperando su regreso con provisiones y por último, la soledad y la certeza del fin. Frío y hambre matan a su niño y a los otros, a los hijos de madres que también han muerto. "Tal vez sus huesos, piensa Rosalía, hagan más rica y cálida esta tierra de nadie."

¿Hasta cuándo resistirán? De común acuerdo y en caso de no volver Sarmiento de Gamboa —a quien ya dan por muerto— dejarán en un arcón, amarrado a la columna principal de la iglesia, la relación escrita por Rosalía, que frota sus ojos cansados, da por terminada la tarea y sujeta las hojas con una piedra.

La costa es oscura, no se ve, se adivina. Ellos permanecen en el circulo áureo del fuego. Es un aviso, por si el señor de Gamboa volviera de noche a buscarlos. Al resplandor, los cañones emplazados para impedir el paso de piratas, son siluetas sin sentido. De pronto, y emergiendo de la niebla que le traga la mitad de la arboladura, ven llegar una nave capitana. ¡Es un sueño! ¡Es un sueño! La alegría dura poco: no es de bandera española y un trapo negro ondea en el palo mayor. Piratas. ¿Qué más da? ¿No es sufriendo como se consigue el cielo? Es preferible morir a espada que por los mordiscones del hambre.

Baja entonces un grupo comandado por un hombre alto, de nariz aguileña y pelo lacio y claro. Son ingleses; han entrado en el Estrecho en medio de una calma que hace pensar en la voluntad de Dios. Cavendish —"Candís" para los españoles— es el jefe. Ya han oído hablar de él. Es noble de cuna y cruel de naturaleza; puede quemar, saquear, destruir; pero aquí eso ya está hecho y la conmiseración parece abrirse paso. Mira entrecerrando los ojos a los míseros siervos de la Corona Española y ordena distribuirles galleta, vino y carne seca. Dormirán lo que resta de la noche en sus endebles casas de madera.

Candís toma la mano de Rosalía y la pone de pie. Luego, en brazos, la lleva a su barco, ante las miradas vacías de los pobladores y la impotente de Túnez.

Rosalía no cree lo que le pasa. Ha olvidado lo que es un hombre fuerte, ha olvidado que el lujo puede cegar. Mira embelesada los brocatos, los oros de la cámara del pirata, se deja perfumar, despojar de sus ropas raídas, cubrir de sedas y perlas. Siente las manos huesudas del hereje que juegan con su pelo negrísimo, bebe el vino que le ofrecen en copa de plata, pero, en tanto, desfilan ante sus ojos Anita, Antonio, los Alaniz y después uno a uno todos, los dieciséis, como en un friso de pesadumbre.

Sólo en ellos piensa Rosalía en el lecho, bajo el hombre jadeante que le dice que sí, le promete todo: los rescatará, pasaran al Pacífico, descansarán en las Molucas, buscarán Trapalanda, el botín será magnífico, sí, sí, sí.

El sol está ya alto, pero ella no ha dormido. Sólo imagina la buenaventura que les espera y, en el medio de su sueño de futura cortesana inglesa, en el que Mari la ayuda a vestirse y Túnez le alcanza sus joyas, oye gritos de angustia que la arrancan hacia afuera. Ve entonces a los piratas que, cumpliendo una orden del que ahora se despereza en el lecho, desengarzan los cañones y los suben a bordo, mientras otros destruyen las casas, la iglesia que levantara Gamboa y se llevan las maderas.

Unos brazos rudos la alzan en vilo y la regresan a tierra; Rosalía sacude las piernas, gira la cabeza por sobre el hombro del bruto que la oprime sin piedad y alcanza a ver la cara desdeñosa de Candís, que la contempla desde la borda.

Antes de irse, clavan una estaca con un cartel que bautiza "Puerto Hambre" a Ciudad Rey Felipe, reducen a Túnez, todavía fuerte, y lo suben a bordo. Será el único.

Rosalía queda de bruces sobre la costa y nada ve, salvo las hojas de su manuscrito que el mar arranca de un lengüetazo y se van, a caballo de las olas, tras el barco.

Leonor

Hace mucho calor, el aire es denso y apenas una brisa que viene del río mueve los visillos de la casa de Leonor Mederos de Ruíz y Souza, en el puerto de Buenos Ayres.

Es joven y hermosa doña Leonor. Tiene la frente alta de los Mederos de Huelva —que sin duda heredaron de los romanos— enmarcada con brillo metálico por los negros bandós en que parte su pelo. La cintura es perfecta, el pecho generoso y el gesto pensativo.

Doña Leonor mira escribir a su marido, afanado en la tarea desde hace horas y el pensamiento se le acompasa con el rasguido de la pluma y el zumbido de las moscas, que ni a esa hora se están quietas. Es muy tarde, ya casi alumbra el primer resplandor de 1603. Desde temprano han festejado el Año Nuevo, con la mesa puesta para parientes y amigos. Allí no han faltado ni el pan de sardinas ni el jamón al oporto. Tampoco el turrón y las castañas y el buen vino verde que don Pedro de Ruíz y Souza

103

—su marido— hace traer desde su nativo Portugal. Nunca entenderá Leonor ese afán de seguir las tradiciones en esta tierra de Navidades de sol abrasador. Los piñones y las castañas estarán bien para los fríos peninsulares, pero aquí... ¿qué mejor que las frutas frescas que da su tierra? Pero no hay caso, don Pedro lo dispone todo con celo de cristiano nuevo, no vaya a ser que las innovaciones...

Lo de las uvas sí, le gusta. Con cada campanada del nuevo año comieron doce uvas como dicen que hizo la Virgen María, apenas nacido su Niño. Pero eso no es portugués, lo aprendió de los Mederos, sus padres, oriundos de Huelva y cristianos viejos, estirpe de conquistadores. En el apuro por comerlas, una con cada campanada, dejó caer algunas, gordas y negras, que rodaron a su escote. Allí fueron también las miradas codiciosas de Mendo, su joven primo, que viene periódicamente de Santa Fe para ayudar con los libros y las cuentas. Son casi de la misma edad y hermosura y cuchichean y ríen juntos muchas veces, pero don Pedro nada teme y sus razones le asisten. Ella es la prenda.

Como a tantas hijas de viejos pobladores, su padre la casó muy joven con don Pedro, que la doblaba en edad y la quintuplicaba en fortuna. Ahora, al cabo de unos años, ella es una fresca mujer de veintitrés y él un enjuto y oliváceo señorón de cincuenta. No han tenido hijos. "¡También! —ríen sus hermanas— ¡con esa vara seca!". Leonor no guarda rencores, ¿acaso no es común? ¿Qué otra cosa podían hacer sus padres? ¿De qué sirve que Hernandarias les haya dado derechos de vaquerías, si los indios pampas no se sometieron y no hay encomiendas? ¿Podrían explotar la tierra o el ganado sin contratar brazos para la labranza o el arreo? ¿Y cómo van a vivir sino a merced de los prestamistas portugueses, que son los que tienen el dinero? Y luego, para salvar su tierra de la hipoteca, les darán sus hijas en matrimonio y con ellas, un apellido de estirpe —se dice Leonor mientras mira en su dedo la sortija que don Pedro le ha regalado—. Son muchas las jóvenes que corrieron su misma suerte —piensa y se le aguan los ojos. Pero por lo menos —se rehace— no tiene que trabajar tan duro como sus hermanas, que siembran y siegan en las afueras de la ciudad. ¿Y entonces qué, si don Pedro fue la banca? Sólo ha sido un negocio, legal como el que más. Sabe bien que ha hipotecado su alegría. También su vientre y eso sobre todo. Porque algún día concebirá un hijo de Pedro que será un Ruíz y Mederos. El Souza quedará por el camino porque —se dice muchas veces Leonor frente al espejo— ella tiene derecho a un hijo de casta: es hija de feudatarios y las tierras les vienen del Fundador. Pedro no es más que un "estante", un poblador sin nobleza, no desciende de un conquistador, no es más que un comerciante, un mercader, aunque lo disimule con un oficio y vivan en la calle de Las Artes. Claro que los negocios van bien porque pronto podrá comprar —se lo ha dicho— alguna "suerte de estancia" que lo convertirá en hacendado y con ayuda de casta y apellido de ella, las diferencias con los viejos pobladores serán cada vez menos notorias. "No hay cosa que el dinero no pueda comprar —afirma siempre don Pedro chupando su pipa de buen

105

tabaco antillano—, pero negrero no, nunca, ella no lo soportaría, que buena distancia hay entre mercader y traficante." Todo el mundo sabe que portugueses y flamencos traen negros de Guinea, dejan unos pocos en Buenos Ayres y el resto lo arrean a la Villa Imperial, Potosí. Leonor se turba cuando piensa en este tráfico de seres humanos. La encomienda es cosa bien distinta, sobre todo desde que Hernandarias se ha preocupado y legislado para protección de los indios encomendados. Pero, a pesar de que ella no quiere que Pedro se manche con tarea tan cruel, tiene negros a su servicio, todos los tienen en el puerto. Los antiguos vecinos de la Santísima Trinidad, como sus padres, no lo aprueban y no quieren saber nada con negros, mercaderes o traficantes. Se han empobrecido sosteniendo empresas fundadoras pues para eso vinieron, en nombre del Rey y de la Cruz. Así, la ciudad de Garay se ha dividido y el puerto es para los nuevos, los advenedizos con dinero, los que trafican con esclavos y viven en buenas casas, como la de ellos... pero negrero no, nunca.

—Ángel, ve a dormir, es ya muy tarde —don Pedro levanta los ojos enrojecidos del pergamino en que escribe.

Aparta sus pensamientos doña Leonor. Pedro también tiene derecho a ser feliz, es un buen hombre. Se incorpora, lo besa en la coronilla, prende el velón y se retira a descansar.

Y es sobre su propia historia que escribe don Pedro de Souza sin cesar, a pesar del calor sofocante. Mañana, a primera hora, Nuño de Velazco, gentilhombre que le debe algunos favores, vendrá a buscar los pliegos. Viaja a Lima y llevará el "descargo" de don Pedro, las seguridades de que es un honrado artesano, de vez en cuando metido a comerciante, pero muy poco, vamos. También se espera que intercederá ante los obispos en favor de los mercaderes, porque dicen que Hernandarias propicia la expulsión de los portugueses y ha declarado la guerra a los contrabandistas y a los "confederados" que desde la política o el poder protegen a los traficantes o lo son ellos mismos, como el obispo de Tucumán, Fray Francisco de Vitoria. Cierto es que algunas voces de gran fuerza se hacen oír para defenderlos: Fray Loyola, obispo de Asunción, entre otras, porque entre los portugueses hay buena gente y buenos artesanos, pero hay que andarse con cuidado. Por ahora, don Pedro de Souza, así, a secas —porque el Ruíz se lo compró a dos regidores del Cabildo por un buen lingote de oro, que no viene mal la ascendencia española— escribe lo que le conviene. Por ejemplo, que nació en Portugal, en el Algarve; que su padre fue, en sus mocedades, amigo y compañero de andanzas de Juan de Dios y con él se fue a España, por lo cual no puede haber sido converso y "sospechoso de fe" —como hay quien dice—. Que fue gran artesano, trabajador de la filigrana, el taraceado, el repujado del cuero y que había hecho la montura para su Católica Majestad, la Reina Isabel, en Granada. Escribe cómo, siendo él apenas algo más que un niño, viajaron al Brasil, que por entonces se llamaba Vera Cruz, y años después a Buenos Ayres ya muerta la madre, y se instalaron en la calle de las Artes. Y que al morir su padre él continuó con el oficio y que nada tiene que ver con la chusma contrabandista del Puerto; tan solo le traen algún pequeño envío de vino Ultra la Ribera, de Lisboa, que bien lo consumen regidores y alguaciles; que lo vende barato y si sus Mercedes lo desean... y que está casado con una mujer "de posibles" y que siempre ha colaborado con la Santa Cruzada y en su casa tiene armado un altar para la Virgen del Tránsito y siempre ha sido muy devoto, mucho.

Todo esto escribe mientras Leonor duerme en la bella cama taraceada por él. ¡Dios! ¡Cuánto quisiera reunírsele! Pero no puede, debe apurarse, ya está amaneciendo.

Y en la bella cama taraceada por su marido, el sueño de Leonor no es tranquilo. Porque es entonces cuando se desata su corazón. Y se ve, tan esclava como Zema, bailando con su pulsera de cascabeles mientras los negreros ofertan por ella de viva voz. Y es también en los sueños donde se ve luego, libre, de la mano de Mendo, corriendo por un prado que se parece al Paraíso y nada tiene que ver con su casa de tres patios ni con Pedro, sobre todo con Pedro. Y despierta angustiada. ¿Por qué esos sueños? Al fin y al cabo no puede decirse que no le tenga afecto a su marido y, además, el amor se cumple a candil apagado y para eso está su imaginación... Pero a veces, cuando mira los dedos morenos recortarse como oscuros sarmientos en su brazo blanco y torneado, la recorre un brevísimo y disimulado estremecimiento de repulsión. "No es nada, piensa. Ya me acostumbraré."

Han corrido ocho horas de ese primer día del año y ya el sol dibuja pentagramas en las paredes, burlando los postigos de madera y encendiendo las rendijas. Leonor mira a Zema, quien le ha traído el desayuno y en seguida se ocupará de su pelo. Es una niña todavía, de carnes duras y casi azules. Ha nacido en los cafetales de Cabo Verde y luego vivió en Angola, donde la reclutaron los traficantes con las razones del látigo. Ella y su madre llegaron a la casa hace apenas un mes. Don Pedro se ufana con su compra, que le ha insumido cuatrocientos pesos. "Lo mismo que una carreta", dice. La esclava madre trabaja en la cocina y Zema está al servicio de Leonor y la ha conquistado definitivamente. Aprende con facilidad el castellano y ríe mucho; a Leonor le gusta ver la ristra de dientes blanquísimos en la cara charolada por el sudor.

—Iremos a misa, Zema; hoy es el día primero del año y la Circuncisión del Señor.

—¿El Señol?

Zema no acaba de entender, aunque oye obediente las prédicas que el curita enviado por Fray Carranza imparte todos los miércoles a los negros de la casa. Es que no ha conocido nunca "señor" bueno y mucho menos alguno que quiera morir por todos: ella, su madre, Evaristo el quintero, Tanga y los demás. Sólo sabe que ahora oculta en la cintura la higa de oro y azabache que en su tierra llevaba al cuello. Y que nadie le quitará su amuleto.

Zema ha terminado ya con el peinado de Leonor. Ahora va a llevar té de toronjil a la sala donde espera don Mendo. Leonor revisará con él las cuentas menudas, lo que dejan la filigrana, el taraceado y los bellos repujados en cuero con que Pedro encuaderna las Biblias. Para Pedro quedan las cuentas del vino y los lienzos que vienen de ultramar.

Y ese día, como siempre, hay un recreo después del trabajo. Primero un canto tribal en la voz que se insinúa profunda y después —cuéntanos, Zema— los relatos de la horrible cacería en su tierra mágica y peligrosa, el viaje, el espanto y la agonía, ...pero negrero no, nunca.

Mendo mira tiernamente a su prima. La conmiseración la embellece. Es feliz porque tienen un largo día para compartir; y así se suceden la misa de doce, el almuerzo a las dos, y luego la reunión a puertas cerradas con don Pedro y otra vez a solas con Leonor, con apenas la compañía de la niñita negra. Es que don Pedro no pierde por nada sus partidas de tresillo en el salón de atrás del Ayuntamiento. Antes de irse echa llave a la gaveta donde guarda las cuentas. Leonor nunca pregunta acerca de ellas.

—Mejor —pensó siempre Mendo. Pero hoy ha decidido decírselo.

A la tarde Leonor canta. La hidalguía se le escapa por los dedos ágiles. Mendo sueña ceñidos a sus hombros los brazos que sostienen la vihuela. Siente frío en la nuca ¿Se atreverá? ¿Le dirá que don Pedro es un negrero de los peores, que comenzó engañando al Gobernador Fernando de Zárate y que luego pudo, sí, introducir sus negros de Guinea, destinando, claro, unos dineros en cada viaje para acallar los escrúpulos del señor Gobernador?

Mendo sabe toda la verdad y sus palabras vuelan en ese atardecer que ya es casi noche y una luna grande, blanca y redonda como el Pan de la Eucaristía, comienza a elevarse en el cielo rosado, partida en dos por la reja de la ventana.

Llora quedamente Leonor. A sus oídos llegan los ruidos diferentes de los tres patios de su rica casa porteña: el canto de los pájaros de la enorme pajarera, el tintineo de la vajilla mientras disponen la mesa, el chirrido del balde que sube hasta el brocal del pozo. Hasta hace instantes, los ruidos la llenaban de orgullo voluptuoso: ella era la dueña de todo. Ahora, esos pensamientos le parecen pecado. ¿Sobre qué escoria se asienta su bienestar? El bueno de Pedro se le ha transformado en un vil que comercia con dolores. Y la imagen de su baile en sueños, con la pulsera de esclava en los tobillos, aparece de repente, como un ramalazo.

Mendo la consuela. Tiene planes. Muy temprano saldrá, cuando don Pedro aún duerma, para Santa Fe, tal como hace siempre. La carreta estará pronta y ella podrá esconderse en el piso de junco del carromato, antes de que la casa despierte. Para cuando suenen las cinco campanadas del Convento ya estarán en marcha. Todo está previsto, muy cerca deben cargar grasa, en la curtiembre de unos amigos. La carreta proseguirá su ruta sin ella. Mientras la partida que don Pedro enviará a perseguirlos les da alcance —y nada encuentra, más que un boyero cómplice y un Mendo simulador— Leonor será llevada más al sur, a los Montes Grandes, a la chacra de los Rivero. Cuando sea el momento, en un envío de cuero y cecina que los protectores hagan a Santa Fe, podrá viajar. Hernandarias le dará asilo porque detesta a los negreros. Para él, los argentinos son los blancos, los indios y los mestizos. Pero hay que decidirse porque este será el último viaje de Mendo a Buenos Ayres. El Caudillo prepara una excursión a los Césares y Mendo lo ayudará con los números.

Así que Leonor sabe que para ella no habrá otra oportunidad y, aunque siente aguijones en el estómago, se decide. Y no cambia de idea ni siquiera cuando don Pedro la galantea durante la cena. Mujer de negrero no, nunca.

Una vez en su cuarto llena un canasto pequeño con algunas ropas y lo oculta en la galería dentro de una de las tinajas para vino. De allí lo alzará para esconderse luego entre los cueros de las chácaras* que don Pedro envía al norte, quedándose con la mayor parte de las ganancias en pago de flete. Piensa en sus padres y se estremece, pero ahora no debe perder tiempo, de todas maneras la deuda ya fue saldada. Se han firmado papeles que el Vicario General conoce, se tranquiliza Leonor.

Don Pedro duerme envuelto en su largo camisón los sueños que le deparan el tilo y la valeriana. Va a acostarse Leonor, a vivir su vigilia, a despedirse mentalmente de su fresca casa de la calle de las Artes, de su pajarera, del pequeño altar de la Virgen del Tránsito y de Zema. Aquí vacila. ¿No podría llevarla? No, no cree, aunque tal vez... El desorden de sus pensamientos se detiene bruscamente: allí, sobre la mesa de madera de guindo hay

---

* Chacras.

unos folios atados con cinta. Se levanta de puntillas, acerca una luz y lee. Es un contrato que su padre y don Pedro firmaran, sobre sus velos de novia. "Y con esta boda —dice— quedarán los Mederos libres de prestamistas, pues se les dará el dinero necesario para explotar sus vaquerías y comprar un navío para enviar grano y cueros al Brasil." Pero, mientras Leonor comienza a sentirse tan ingrávida que sólo el ardor en sus ojos le dice que está viva, lee el final del documento: "Y la deuda se mantendrá si existiere abandono o repudio por parte de la esposa y pagará hasta la última onza su padre y con la firma del síndico se compromete a ceder todos los derechos que Hernandarias otorgó a los vecinos y sus chácaras y casa, si la hubiere".

Sentada está todavía doña Leonor, quieta, su mano derecha crispada sobre los papeles, preguntándose si habrá sido Zema, sintiendo que mil ojos la miran, la han mirado siempre, cuando oye los tres golpecitos convenidos en la ventana, que se repiten una y otra vez aún a riesgo de despertar a Pedro. También cree oír la sofocada desesperación de Mendo, porque es demasiado tarde: las campanadas de San Francisco ya caen, pesadas y tristes.

Ve la primera luz que chisporrotea desde el postigo y, por fin, la alcanza el grito del boyero y el opaco paso de los bueyes sobre las piedras. Sabe que en unos instantes el tercer patio comenzará a desperezarse y oirá entonces, y para siempre, el chirrido del balde del pozo.

113

Rosa

(Aguaí)

Rosa Frutos —Aguaí para todos— está sentada frente al hogar desde las dos de la tarde de ese 5 de junio de 1660. Ya son casi las cinco y aún no se ha movido. Contempla el escudo de armas de Hernando Arias de Saavedra que adorna la chimenea de la casa del hidalgo, en la ribera santafecina. Pronto vendrán a llevárselo, como se llevaron también el que lució durante tantos años sobre el dintel de la puerta de entrada. Se muda la vieja Santa Fe, se va lejos, al paraje de la Vera Cruz, adonde el río no los devore y sea más fácil el comercio.

Aunque tiene setenta y un años, a Rosa todavía la entretiene repasar con la vista —y a veces con su dedo índice tembloroso— el escudo dorado que tanto le cuesta limpiar. Recorre la "ese" de Saavedra, enroscada como una víbora y sostenida por dos leones a los que las llamas arrancan luces rojizas. Están en dos patas, enfrentados, y se tocan las zarpas. Un yelmo los corona, con

117

tocado de plumas. Es un escudo majestuoso y, desde su reflejo, toda la habitación cobra grandeza.

Rosa nunca ha visto un león, sólo pumas, como el que mató al curita franciscano; pero el exotismo del animal de melena profusa la conmueve. Así era su padre, no un puma sino un león, un verdadero león americano. ¿Quedará en la memoria de la gente del Plata ese hombre extraordinario cuando el tiempo haya sumado más años que los que Rosa carga en sus espaldas? ¿Lo recordarán los "argentinos" como él llamaba a los hijos de conquistador, a los indios y a los mestizos? "Añá",* deberían llamarse. Y aunque hace ya mucho que el señor ha muerto y quince años después su mujer, doña Jerónima, a Rosa aún le duelen las traiciones... le duelen las traiciones de los porteños.

1589 será un año difícil de olvidar. Desde la fundación de Concepción del Bermejo y la de San Juan de Vera de las Siete Corrientes, los naturales no han dado tregua y ahora golpean como nunca. Se siente el aire erizado de flechas y en el corazón de los españoles interroga el miedo: ¿Habremos de morir aquí, en estas tierras herejes?

Alonso de Vera "Cara de Perro", Corregidor del Bermejo, sólo confía en Hernandarias y lo reclama con

---

* Diablo, en guaraní.

urgencia. Pero el hidalgo de veinticuatro años debe multiplicarse y tarda en llegar. Y cuando llega, lo aguarda el espanto: Los guaycurúes han asolado la ciudad, que humea y agoniza. Entre las ruinas, soldados y mujeres, pechos asaeteados y vientres abiertos.

Recorre los restos calientes y súbitamente se inclina: le ha parecido escuchar un lloro, un vagido en medio de tanta muerte. Arranca a la llamita débil de entre las ropas de la madre, que ha caído protegiéndola. En el pecho de la muerta brilla una cruz. Hernandarias la toma y la coloca en el cuello de la niña. Y así, Rosa Frutos vuelve a nacer.

—La llamaremos Aguaí, hasta que fray Juan la cristiane —dice Hernandarias a la española que sostiene el atadito hambriento al que ha puesto a su pecho.

Teresa Suárez, que regresa en canoa a Asunción junto con sus tres hijos a salvo y el caudillo, no necesita preguntar por qué: de la mantilla emerge una baya redonda y oscura.

—¿Sabe usted, señor? —dice la mujer—. La niña tiene ojos de seda. Con el tiempo no le dirán Aguaí por su color, sino por su dulzura.

Y Aguaí, bautizada Rosa Frutos por don Juan de Buenaventura, creció en Santa Fe, al cuidado de las indias de la casa. En ese año de 1596 ha festejado sus siete, pero tiene el aire solemne de una niña vieja. Delata la falta de una madre. No conoció a la suya y doña Jerónima, la esposa de Hernandarias, nunca lo fue. Doña Jerónima es hija del General Juan de Garay y es firme y amable y sobre todo justa, pero no cariñosa.

Rosa sabe que mamó del pecho de Teresa Suárez —que vive en Asunción— y luego la mulata Micaela, que tiene una niña de la misma edad, sació su hambre cuando su padre la trajo desde el Bermejo. Rosa llama muchas veces "padre" a Hernandarias, aunque intuye que a doña Jerónima no le gusta.

Con Rita, la hija de Micaela, son buenas amigas, se sientan bajo la higuera grande a jugar a las canicas y a coser vestiditos para sus muñecas de trapo. La piel de las niñas es casi del mismo color, algo más clara en Rosa. Son compinches y hermanas de leche y hacen juntas algunas tareas.

—¿Crees que soy una mestiza como tú? —le dice a Rita mientras las dos asean a la Virgen Inmaculada que pertenece a doña Jerónima.

—Soy mestiza, mestiza, mestiza —repiten entre risas las dos, veinte veces, hasta que la palabra es apenas un sonido sibilante. La Virgen, en cambio ¡es tan blanca! Y tiene mejillas sonrosadas y cara regordeta.

—Ya está, querida —le dice Rosa a la imagen, que es casi de su mismo tamaño. Acomoda la mantilla de encaje sobre el manto celeste y el hábito blanco con los bellos bordados. Pero no la besa. Doña Jerónima se lo tiene prohibido. "Sólo el pie, si quieres." Rosa ha limpiado la media luna de plata a los pies de la imagen, pero no la besa.

—Rosa —dice Rita, que está sentada en el suelo, en un rincón oscuro de la sala capilla del primer patio—.

Te lo diré, Rosa: las indias de la cocina dicen que tú eres hija del amo y que por eso duermes en el primer patio, cerca de las niñas; y que por eso doña Jerónima no te quiere y que tu madre fue india y que Aguaí era tu nombre y que...

—¡No, no, no! —grita Rosa y llora y se aferra a su cruz y a la historia de su madre española muerta en Concepción del Bermejo—. ¡No!— mientras, horrorizada, nota un goterón que su llanto ha dejado en el ruedo del hábito de la Inmaculada.

—Ven aquí, Rosa —y el caudillo señala el brazo de su sillón. Rosa atiza el fuego en ese frío julio de 1619 y acomoda la manta en las rodillas del hombre; luego se sienta a su lado.

Hace ya rato que ambos están callados, mirando cómo las llamas devoran los leños, que exhalan bocanadas de luces quebradizas, y un olor a resina, musgoso y verde.

En esas llamas cambiantes, en esa constelación de chispas que se arrojan alocadas contra el vientre del hogar, ambos creen ver lo mismo: los años valientes, los gobiernos ponderados, la corrupción imparable en el puerto de Buenos Ayres, la traición de Vergara, la lucha, la cárcel y el embargo y —por fin— dos meses atrás, la libertad y la reivindicación. Con la mirada absorta, Hernandarias interroga al fuego. Y —como un augur de su propia suerte— ve en las llamas su quieto futuro en su casa de Santa Fe y el olvido.

—Vamos, Aguaí —dice, sacudiéndose el oscuro presagio—. Cuéntame otra vez de la casa de Vergara.

Rosa relata una vez más las riquezas que vio; él se inclina del lado de su oído bueno y acerca la cara hacia ella y, mientras escucha, recorre con los ojos la humildad de su casa saqueada por la injusticia.

Y Rosa cuenta que en sus treinta años, no ha visto riquezas mayores. Y que Juan de Vergara, el otrora amigo y hombre de confianza, es quien realmente lo ha hecho detener, padre. Y ya no es el que era sino el verdadero dueño de Buenos Ayres y por él lo han calumniado y embargado, por oponerse a sus sucios menesteres. Y que son muchas sus estancias pagadas con el dinero que le dan los portugueses y que en su casa de la calle del Cabildo tiene tapices de la India y sillones de terciopelo rojo y platería de ley para el servicio y vitrinas con santos de vestir y joyas y comedor con chimenea. En los días en que serví en esa casa por orden de doña Jerónima, que a ayudar me mandó para una boda, pude saber lo que contra usted tramaban y que yo envié recado a su noble hermano de usted, el obispo de Córdoba, y que fray Hernando de Trejo y Sanabria nada recibió, como lo ha dicho. Y que sus bienes de usted y los que doña Jerónima recibió de su padre, el general Garay, en subasta pública los vendieron...

Mientras Rosa habla, el fuego levanta brillos del escudo de Saavedra y vuelve cristales en ascuas los ojos de Hernandarias.

1660 habrá de ser el año más triste de tu vida, Rosa Frutos. No habrá otro como éste, ni siquiera aquél en que una flecha chaná partió el corazón de Luis de Teno, dejándote hambre de sus besos y los ojos como abismados. ¿Qué harás, mujer? ¿Irás a la nueva Santa Fe de la Vera Cruz? ¿Cómo dejar la vieja casa y la misa diaria en el convento, en donde descansan doña Jerónima y Hernando Arias? ¿Cómo harás, Rosa Frutos, para abandonar tu fantasma adolescente, de azahares en el pelo y lecho de mieses y las manos calientes de Luis de Teno? ¿Dejarás aquí tus años de mujer cansada que crió a Ventura, el niño que vino a la familia porque no había hijo macho en ella?

¿Y cómo harás para seguir viviendo sola en la casa que es como un caracol vacío, con tanto eco en los rincones, desde que doña Jerónima legó sus pocas pertenencias a hijas y yernos y apenas dejó donde sentarse y dormir? Acepta que testó con justicia, Rosa; que legó secretamente, como para pagar tu lealtad, su falta de amor y su loca sospecha, una suma para tu sostén y el de Ventura; pero tú sabes que de sus cosas no te dejó más que una mantilla y unas peinetas y que hasta la Inmaculada, la Limpia Concepción, donó al convento. ¿Qué harás, Aguaí, cuando se la lleven para la Vera Cruz y no puedas ir a rezarle y a hablar con ella y mirar mucho una mancha pequeña, de bordes amarillos, que en la orla de su vestido dejo una lágrima tuya? ¿Qué harás para cortar tus raíces, que se hunden en la tierra y se trenzan en las de los árboles y en las tumbas y en los cimientos de las casitas blanqueadas y en las vides y en los naranjales? Rita no quedará aquí, lo sabes. Con sus años, Rita dice que vivirá una nueva vida, con sus hijos, allá, y que a esta casa pronto se la llevará el río. Podrías irte también con él, Rosa. Disolverte en el agua como se ha disuelto toda la ciudad, la pobre Santa Fe, la perla del Fundador. Ya tienes más de setenta y mucho cansancio.

En la ventana de la vieja casa de fresca galería, el río ya ha dejado de ser sangre. Una tijera de siriríes corta el cielo y el silencio. Los mozos descuelgan el escudo de arriba de la chimenea y —súbitamente— la sala es un escenario vacío. Las carretas ya están prontas.

—Misia Aguaí, ¿va a quedar aquí, tan sola?

Ahora vuelven para llevarse el sillón.

—Ése no, se lo dejamos —dice Rita con ternura.

Pero Aguaí, cabeza reclinada y ojos abiertos, nada responde. Corre otra vez joven a orillas del río cruel y hambriento, mientras Hernandarias y doña Jerónima recogen naranjas y Luis de Teno le abre sus brazos de nido, para que se refugie en ellos.

Rafaela

Don José Antonio de Vera y Pintado, Alférez Real Perpetuo de Santa Fe, está hecho unas Pascuas. Es que allí, en pocos momentos más, tendrá lugar el fasto social más importante de 1783, y ocurrirá en su suntuosa casa de altos que tanto lo enorgullece, con su bello portal de calle que todos admiran y su puerta de servicio como pocos tienen, por donde entra la vaca lechera, el sebo para las velas, los esclavos, los consumos de cereales y embutidos para la familia directamente al tercer patio, sin percudir la vista de los que están de palique en el primero. Es una joya la casa solariega de Vera y Pintado y mucho se la ponderó el mismísimo Virrey Vértiz, que se alojó en ella durante su visita a Santa Fe.

Ya estuvo todo muy compuesto diecisiete años atrás, cuando el nacimiento de su hermana Rafaela. Y hoy lo estará más, porque Rafaela de Vera y Pintado, la niña, se casa con Don Joaquín del Pino, coronel de Ingenieros y Gobernador de Montevideo, viudo, cincuentón y con seis hijos. ¡Qué honor para la aldeana Santa Fe! ¡Qué crecimiento en linaje!

Pero ya chirrían los goznes del portón de la entrada y un carruaje ¡la berlina de don Joaquín! hace sonar los cascos sobre el empedrado. Pero, cómo, el novio tan temprano... Abandona don José la ventana y se arregla, nervioso, el encaje de la chorrera. La niña Rafaela aún está encerrada en su habitación y sin vestir y del maniquí cuelga el iridiscente vestido con los encajes de Bruselas, que usará para la ceremonia. A través de la pared, oye sus gimoteos. La hija llora en el regazo de la madre. Es natural, es tan joven, ya crecerá. Oye también la voz gutural de la parda Flora, que entona una nana. Es la que cantaba a Rafaela, diecisiete años atrás, para que se durmiera. Imagina que, como entonces, la mano oscura acariciaría la cabeza de la niña, tranquilizándola.

A don José no le gusta la parda Flora pero nada ha podido hacer en vista del cariño de Rafaela y de la defensa ardorosa de su madre que tiene el carácter de las Pintado y es mejor no contradecir. Pero no le gusta, porque es ducha en supercherías, amuletos y tisanas y tira las cartas y eso no puede permitirse en casa de buen cristiano, temeroso de Dios.

En el primer patio, oye la voz de don Joaquín supervisándolo todo, que los candelabros limeños, que las cocinas, que los lechones dorados y crujientes, que las alfombras ¿pero no han traído las rojas que ordené? Un cargoso, don Joaquín, por más que sea de rango. Y ahora dice que quiere ver a la novia y golpea la habitación y quiere verla antes que nadie y ya cede la puerta ante los reclamos...

Parada frente a la luna del espejo, en camisa, morena y espigada, Rafaela se cubre como puede.

—¡Salga usted, don Joaquín! —le dice.

Hay un brillo codicioso en los ojos del hombre, pero en cambio, el de los ojos de la parda es duro y negrísimo.

—¡Fuera! —grita sin reparar en rangos—. ¿No sabe Usted que ver a la novia antes de la ceremonia es mala suerte?

Se va corrido el novio a los brazos de su futuro cuñado, que le alcanza un jerez, mientras la parda da los últimos toques al vestido y al tocado del otro lado de la puerta y despliega luego en un tapete sus cartas sabihondas.

—Veo lujo, reinarás —dice ante la incredulidad de madre e hija— y veo... —no tiene tiempo de ocultar las cartas fatídicas: el hombre colgado y la calavera amarilla y risueña.

Un silencio pesado sigue a los esfuerzos de Flora para callar el vaticinio, pero un ¡si no me lo dices no me caso! la disuade y entonces "habrá lujo pero será por poco tiempo y habrá muerte y será provocada" es todo lo que Flora logra decir.

1801. Buenos Aires se prepara para recibir al nuevo virrey. El Marqués de Avilés ha sido promovido a virrey del Perú y el capitán general de Chile y antiguo

129

gobernador de Montevideo, don Joaquín del Pino, es el reemplazante. El pueblo, que adhiere a los festejos, sólo tiene ojos para Rafaela, la virreina criolla. Su cintura se ha redondeado apenas, pero aún conserva la esbeltez y la gracia. Sonríe, inclina la cabeza y murmura para sí: "Soy una de ellos, soy una de ellos..."

Los tres años que siguen hallan a Rafaela feliz, aunque intranquila. Ha aprendido a amar a su marido y lo admira, admira su trabajo en favor de la cultura y la ciencia, pero sabe que tiene enemigos y a veces, en sus insomnios, las dos cartas terribles de Flora dan vueltas en su cabeza. Hay algunos oidores y altos funcionarios que quisieran librarse de su marido, enemigo implacable de los contrabandistas enquistados en el poder.

Ese día, 11 de abril de 1804, Rafaela ha ido con los hijos mayores a la plaza de toros del Retiro. La muerte del toro fuerte y aguerrido, tan injustamente sacrificado, la colma de pesadumbre.

—¡A casa, rápido! —le grita al cochero.

Al llegar, hallan a don Joaquín del Pino, séptimo virrey del Río de la Plata, exánime, con la cabeza recostada sobre su escritorio de caoba. Un licor oscuro, escanciado de la botella que acaban de enviarle de regalo, brilla, amenazante, en la copa de bacarat.

Martina

*L*a bella luna del espejo limeño de plata repujada de doña Martina Céspedes, la refleja en su sala de Buenos Aiyres, la cara seria y las manos ligeras. Está cortando vendas de sus sábanas de hilo y ha prometido al síndico Iglesias que para esa tarde tendrá más de doscientas.

Es el 4 de julio de 1807 y los postigos de su casa de San Telmo permanecen cerrados. Es que su calle será el paso obligado de las tropas inglesas que esperan agazapadas, aunque no tranquilas, para una segunda invasión a Buenos Ayres. Corren noticias terribles: Ya han tomado el Retiro y la turba soldadesca —aún fuertemente reprimida por sus oficiales— ha cometido robos y violado mujeres en las quintas aledañas. Algunas negras fornidas los ahuyentaron a escobazos, pero los desmanes no aflojan.

¿Qué ha sido —se pregunta Martina— de la que fuera, hasta abril de 1805, tranquila Buenos Ayres? Una ciudad con casas de patios amplios, con parapetos en los techos, adornados con urnas y jarrones. Esos parapetos, a decir verdad, fueron parte del triunfo en la invasión de 1806. Desde allí arrojaron a las tropas toda clase de objetos y aceite hirviendo. ¡Buenos Aires era tan apacible, con sus tertulias, sus juegos de dados, sus chismes sabrosos detrás del abanico! Hasta que llegaron ellos.

Pero por entonces brillaba la estrella de Liniers y Aldao, el valor del catalán Fornaguera y el de "la Tucumanesa", Manuela Pedraza.

La Reconquista sobrevino gracias a la pericia de Liniers, el valor de los vecinos de Buenos Ayres y la organización de fuerzas regulares que acabaron con los invasores. Pero la derrota fue por breve tiempo y hubo —hay que reconocerlo— cierta aquiescencia de los vencedores hacia los vencidos y hasta partidarios, como Rodríguez Peña. Es que el libre comercio fue una promesa cargada de futuro.

Ahora, las cosas son diferentes. Liniers ha sido derrotado en los corrales de Miserere por las fuerzas invasoras del general Gower, mientras Whitelocke, a pesar de la lluvia inclemente, cruzó ya el Riachuelo. Se ignora el paradero de Liniers. "¡Que Dios lo proteja!", piensa Martina mientras corta sus vendas. Por suerte Álzaga no se ha quedado preso en lamentaciones: por sus órdenes se levantaron las piedras de las cuidadas calles de Buenos Ayres y ahora se acumulan en los techos esperando la buena puntería de hombres y mujeres. También se han cavado trincheras de seis varas de ancho alrededor de la plaza y en las calles de las afueras, la trinchera exterior. Todos colaboraron, hasta Ana y Josefa, su hija menor, llevaron y trajeron piedras a la luz de los faroles.

—¡Martina! —Amparito de la Gana, su vecina, irrumpe en la sala. Viene a contar que la defensa está organizada, le han llegado noticias de su hermano, Pío de la Gana, comandante de los "arribeños". Muchos se han incorporado a los distintos regimientos: French, Ortiz de Ocampo, Viamonte, Belgrano, hasta Juan Manuel, el hijo de Agustina Rosas, aunque sólo tiene trece años. ¡Y ha reaparecido Liniers! Las mujeres se abrazan. Guardan prolijamente las vendas, corren cerrojos, trancan las puertas. Un orillero de su chacra le contó a Amparito que los ingleses tomarán casa por casa, si es necesario, para poder avanzar.

A las seis y media de la mañana, veintiún cañonazos —los cuenta con el alma en suspenso— tapan el sonido monótono de la lluvia que cayó sin tregua toda la noche.

Avanzan las columnas inglesas por los flancos de la ciudad, la derecha por las quintas abandonadas que no oponen resistencia, la izquierda peleando duramente con la valiente compañía de los "gallegos" que rinde el Retiro sólo después de tres horas de lucha.

En cuanto a las columnas del centro... la ciudad entera se levanta y brama y arroja palos y piedras y ollas humeantes.

El ruido infernal y el olor a pólvora sofocante se acercan más y más como un dragón de cuento que fuera a tragarse la ciudad.

Martina despierta a las hijas, rápido, rápido. Josefa, que durmió con ella, alcanza a echarse una bata sobre el camisón y a subir por la escalera del patio hacia la terraza. La puerta del frente no conviene tocarla, saben que los soldados ingleses tienen picos y mazas para tirarlas abajo.

—¡Ah!, pero el general Gower se ha equivocado con su plan y Whitelocke lo sabe. ¡Imposible rendir Buenos Ayres! Cadogan se refugia en la casa de la Virreina Vieja y los generales Pack y Craufurd se atrincheran en Santo Domingo y envían andanadas de metralla. Niños, jóvenes hombres y mujeres, blancos, pardos y mulatos pelean codo a codo. Martina ha visto caer, en la terraza de enfrente, a Lorenzo, el menor de los Ballester.

Un sollozo contenido le parte en dos el pecho ¡Ah, Buenos Ayres! ¿Cual será tu futuro? ¿Valdrá la pena tanto horror y tanta muerte? Ya no hay olor a jazmines en los patios, sino otro, espeso, a sangre. Rojos son también los uniformes de los invasores y ... ¡pero si hay un puñado de ellos golpeando su puerta! Son doce. Martina se asoma lo que la prudencia le permite. Llama a sus hijas ¡bajemos! Si tiran la puerta nos matarán a todas.

Baja Martina ajustando su pañolón. Su perfil de sombría belleza se recorta contra las paredes encaladas del patio. Espera. Pero los golpes y las voces crecen. Abre entonces, abroquelada en su dignidad de porteña.

El grupo se abalanza dentro de la casa. Traen un herido, un joven esbelto; su sangre enrojece aún más la chaqueta de su uniforme. El mayor de todos, en cuyo pecho relucen medallas, da las órdenes, y luego que dejan al herido al cuidado de Josefa, pide gritando: ¡Wine! vino!, vino! Gritan también los demás, en cuya palidez se delata el sufrimiento. "Vino, vino, vino les daré", piensa Martina y toma del pequeño cofre que está sobre el trinchante, una llave grande, algo mohosa. Les hace señas.

—¡Abajo, a la bodega!

Al ras del suelo de la gran cocina, brota una escalera. Los hombres bajan tras de Martina, que lleva una lámpara. La luz revela estantes donde se alinean garrafas y otros en los que se apilan botellas lacradas. En un rincón, una cuba guarda el vino de consumo diario. A su pie, en el suelo, bajo la espita, aguarda una botella con un embudo.

—Vino del norte —dice Martina señalando la cuba—. Es dulzón, les parecerá que mastican uvas —no sabe si la entienden, pero uno de ellos ha apartado de un puntapié la botella y yace en el suelo, la boca bajo la espita, sorbiendo a grandes tragos el vino rubio que se le derrama por cara, cuello y uniforme. Los otros vuelan sellos y violan garrafas. El jefe intenta ordenarlos pero pronto sucumbe también él: labios, garguero, todo está reseco, todo sabe a pólvora. Beben, beben, apartan la botella y ríen y otra vez beben, beben. La escena es esperpéntica. Desde hace mucho no han comido y el alcohol surte efecto. El más joven, el único en pie todavía, gira en un vals, besando la botella.

—Iré por comida —dice Martina y sube por la escalera. Tropieza con Justo, el quintero.

137

—¡Misia Martina! ¡Manda decir el doctor Rodríguez que vendrá pronto a ver al enfermo y que es un coronel el que tiene usted en su casa!

¡Un coronel! Martina Céspedes reacciona ¡Un coronel! y se arroja sobre la puerta de la bodega. La gran llave mohosa gira lentamente en la cerradura.

Es la tarde del 7 de julio. El bullicio de la Plaza Mayor habla del ánimo del pueblo. Todos ríen, se saludan, hay campanas a vuelo y salvas. Liniers condecora a Martina, que ha entregado prisioneros al coronel y sus oficiales, y le otorga el grado de Sargento Mayor y el uso de uniforme. España —dice Liniers— está orgullosa de ella.

En ese momento en que la emoción la perturba, ¿quién iba a decirle a Martina que años después trabajaría incondicionalmente para la Revolución? Aquel impulso suyo había nacido quizá del sentimiento de defender lo propio y propia es la tierra en que nacimos.

A veces, en un pequeño objeto, como una llave mohosa, por ejemplo, está la clave de nuestro destino.

Juana

*J*uana Moro de López, sentada detrás de la reja de su casa salteña, mira pensativa la calle desierta. Sobre su falda de lino crudo descansa la invitación que los jefes realistas le han hecho llegar para el baile de esa noche, 20 de octubre de 1812, en la sala de los Pacheco. ¡Pobre Celedonia, tener que prestar su casa! Pero hay que disimular y los Pacheco de Melo son patriotas hasta el sacrificio.

Pío Tristán se ha hecho fuerte en Salta después de la derrota de Tucumán y disimula el fracaso con fiestas y reuniones. Algunos le critican a Belgrano que no lo haya perseguido, pero el General no quiere dividir su ejército y espera los refuerzos que enviará el Triunvirato.

Las patriotas de Salta fingen celebrar a los realistas, que disfrutan de la amistad de estas mujeres inteligentes y singulares, con una cultura a mitad de camino entre Buenos Ayres y el Alto Perú. Las porteñas son más políticas o hacendosas, confabulan en los salones o bordan banderas, pero las de Salta van a los hechos: en el fondo del arcón se esconde el ropaje de gaucho que Juana utiliza para colarse en las plazas de Jujuy y Orán, dominadas por los españoles; María Petronita Arias lleva y trae mensajes mientras Toribia la Linda se deja acariciar por confidencias que luego pasa a su ama; Martina Silva de Gurruchaga costea y prepara en Cerrillos un ejército a cuyo frente bajará desde las lomas de Medeiros, para unirse a Belgrano cuando éste se lo indique. Ellas no se han sentado a llorar mientras sus hombres guerrean en el ejército patriota. Dios proteja al Coronel López —su marido— que sin duda aprobaría sus planes. Porque esa noche brillará y, aunque no es hermosa, sabe que su garbo y sus ojos pueden abrasar.

—Juana, Juanita ¡qué elegante estás! —dice la dueña de casa. El traje es de tafetán y la peineta de carey con perlas—. Ven, te presentaré a los españoles —y le aprieta el brazo en un mensaje mudo.

Juana extiende su mano a Juan José Campero, Marqués de Yavi, Comandante General de la caballería realista. Es alto, de porte severo y muy rico, posee tierras en Tarija y en Jujuy. Besa la mano extendida, la retiene y la conduce al centro de la sala. Un minué y una condición —¡qué ironía, el baile de Belgrano!, piensa Juana— mantienen a la pareja ocupada en reverencias en el centro del salón. Giran y se saludan bajo la luz casi sólida de las enormes arañas de vela y cairel. Ni una gota de aire entra por los ventanales cerrados porque es un octubre frío y las candelas emiten una lumbre quieta que hace brillar ojos y diademas.

Juana quiebra el talle e inclina la cabeza en cada giro con un abandono prometedor. Siente temblar los dedos del hombre cuando sostiene blandamente su mano. Ella entorna sus ojos y disimula una sonrisa ¡Ah, el fuego de la carne tiene la misma intensidad que el de su causa!

—Un refresco, señora —ofrece el marqués cuando cesa la música.

—Sí, gracias —dice Juana— tomaré zarzaparrilla —y señala con la punta de su abanico un lugar apartado, donde podrán sentarse y charlar.

Juana siente el calor del entusiasmo en su pecho, como hace instantes sintió en su talle el de la mano pedigüeña de Campero y ve en los ojos de la negra Cirila —que sirve colaciones en bandeja de plata— la chispa de la complicidad.

¡Ah, no! a ella no la vencerá el miedo, no la atajarán los dichos que circulan, que en la campaña ha habido mujeres atadas a los cañones y azotadas por los realistas hasta la muerte; no es el miedo, no, lo que hace brillar sus ojos, ni las lágrimas, sino el amor por la idea, pero sí, señor marqués Don Juan José, que son muy ricas, se llaman colaciones y el dulce es de aquí, ¿ya lo ha probado usted? ¿No le gusta esta tierra, Marqués de Yavi? ¿No es acaso un indiano —aunque educado en España— tal cual Tristán lo es? ¿No le gustaría ver libre esta tierra de horizontes lejanos, don Juan José Campero?

Hay que apurarse, el tiempo se desovilla rápidamente. Durante muchas noches, Juana ha soñado en su oscura cama de caoba, vacía en la mitad. Debía ayudar a Belgrano, debía elaborar un plan que pudiera cumplir con sus débiles fuerzas. No bastaba con espiar y llevar noticias, eso lo hacen muchas, lo hace Loreto Frías, disfrazada de panadera, con su canasta en los cuarteles, tan luego ella, tan hermosa, lo más granado de Salta, oyendo requiebros de soldados y esquivando pellizcos y toqueteos, con sus bolsitas de guisantes, uno disimulado por cada soldado y después el todo a Belgrano, ¡para que el general sepa cuánto ha crecido el ejército realista, que ya son como dos mil! ...Y súbitamente, tuvo el plan: había que menguar ese número. Si Campero accedía a cumplir lo que iba a pedirle... Juana ha sentido, cada noche, los apretujones de la angustia.

Y ahora aquí, en la sala de los Pacheco, habla, susurra, ruega, promete. El Marqués de Yavi mira con ojos abismados a esa mujer capaz de torcer su destino. Y promete a su vez.

Abatida sobre su reclinatorio, Juana reza. Ese 20 de febrero de 1813 ha amanecido nublado, con un cielo plomizo y bajo, pero Juana no lo ve. Ninguna luz se filtra por ventanas y puertas tapiadas —para que muera de hambre— por orden de los españoles que han descubierto su espionaje en la plaza de Orán. Pero de sus otros planes nada sospechan. ¿Por dónde andará el Marqués de Yavi? ¿Cumplirá con su palabra? Todo está bien dispuesto: amigos lo esperarán, del otro lado del campo. Amigos también —aunque realistas, pero tan salteños como ellos— pasan modestas raciones y sobre todo agua, por un hueco de la pared lindera. Se arriesgan. Juana reza por ellos y reza por Belgrano, quien ya ha sorteado en silencio los peligros que ofrece el sendero de Chachapoyas en la noche, en el viento y en la lluvia y se ha detenido en Castañares.

Y mientras Juana aprieta con fuerza el rosario altoperuano que Campero le ha regalado, Belgrano, con un movimiento de pinzas, desarticula en un momento al ejército de Tristán. La caballería —al mando del Marqués de Yavi— se desbanda por la ciudad, tal como éste había prometido. La batalla de Salta ya es triunfo patriota.

Suenan golpes en la puerta de Juana Moro. Son tres hombres febriles los que golpean. Al notarla tapiada, uno de ellos la rompe a sablazos. Es Campero, acompañado de dos de sus capitanes. Entra y corre a posar su frente sobre los hombros de la mujer, que lo estrecha. Y antes de partir hacia Arequipa, con una última mirada de desesperación y entrega, deja a los pies de Juana las insignias realistas de su uniforme.

Agustina

(La Libarona)

———

*P*or un momento, la frescura engañosa de su almohada de hierba, le ha parecido la de las de hilo y blonda de su casa santiagueña. Agustina Libarona aguza el oído, casi no respira: ha despertado sobresaltada por un ruido quebradizo y seco. ¿Un jaguar, quizá? Pero no, es Libarona, su marido, que con paso leve ha huido del rancho y la mira desde el pajonal con ojos turbios.

¿Libarona?, ¿Libarona? Agustina se acerca, lo abraza, ignora los gritos dementes, lo acuesta otra vez arrebujado en su poncho. Luego se echa a los pies de su camastro, como perro manso y se vuelve a dormir.

...muy cansada, cansadísima ...pero ahora ya no. Allí, en el Bracho, en el monte inhóspito adonde el tirano Ibarra los ha confinado en ese año de pesadilla de 1840, Agustina regresa en sueños a Santiago, a la casa paterna; es una

149

jovencita agraciada, de apenas dieciséis años, que se enamora de José María de Libarona y con él se casa. Y otra vez revive la fiesta de su boda y los años en Tucumán y el nacimiento de Elisa y Lucinda en la gran habitación inundada por el perfume vehemente de los jazmines.

Desde entonces, Agustina cree en el destino. Tal vez su confesor la reprendería, como lo hizo cuando le dijo que amaba el cuerpo de su amado sobre el suyo.

Pero ella tiene otras ideas sobre el amor y, sobre todo, cree en el Destino. ¿Cómo no hacerlo cuando José tiene ahora que pagar por un pecado que no cometió?

Está ya bien despierta pero el hilo de sus pensamientos corre, le trae anudado el miedo a la partida de soldados que tiroteaban puertas y ventanas de su casa, aquel 28 de septiembre, voceando por su marido, y el prendimiento de José, entregado por un baqueano desleal... ¿Cómo no creer en el destino, si ellos apenas estaban de paso en Santiago, de visita en casa de sus padres? ¿Qué interés podía tener José en mezclarse en la política santiagüeña, y más conociendo a Ibarra, su crueldad sombría, más cruel aún desde la muerte de Pancho, el hermano amado, su lugarteniente, lanceado por los unitarios. ¡Ah, sí! el olor de la sangre de Pancho enrarecía el aire de Santiago, lo aventaban las voces del gauchaje, de los vendedores callejeros, las campanadas de San Francisco y Santo Domingo y hasta los abanicos de las damas unitarias, como ella.

¿Pero qué pasaba en esta tierra? ¿Acaso Pancho no fue su amigo? ¿Acaso Ibarra no la había requerido de amores? Pero ella prefirió al "gallego petimetre", decía el despechado.

Y luego se recuerda corriendo desesperada ha-cia la quinta del caudillo, en donde su marido, atado a un poste, le pareció un Cristo en el Calvario, la frente ama-rillenta, los mechones ralos y una lágrima gorda, como de cera, detenida en su mejilla. Y ella, abierta en cruz enfrente de él le hacía sombra, le tapaba el sol espeso, hasta que un culatazo la derribó sin misericordia.

¡Dios! La humillación de pedir a Ibarra que le per-mitiera acompañar a José al monte, al Gran Chaco, adon-de lo han desterrado! ¡Agustina de dieciocho años!

¡Agustina omnipotente!

Y allí está ahora, durmiendo de a ratos, atendiendo al desdichado que desde el fondo de su demencia le pide ayuda. ¡Y es tan difícil! En eso ha convertido la injusti-cia a un marido amante. En su duermevela, ve al juez Unsaga, también desterrado, salir de la choza para ar-mar un fuego. Asará dos charatas que ha logrado cazar con su honda. Agustina ve las aves mustias, húmedas y enjutas, piensa en su carne negra y el asco la estremece. Pero comerá, vaya si comerá, el hambre no es zonza. A la lumbre, los tres fantasmas proyectan sombras feéricas sobre los matorrales. Pero el fuego tampoco es bueno, apenas un poco asada la carne, se lo apaga, se esparcen las cenizas. El indio podría verlo y venir.

Agustina pasa la noche sin sosiego. Apenas le al-canzan sus dos manos para espantar vinchucas y mos-quitos. Libarona arde de fiebre. La débil luz de una vela

151

le muestra a su marido con el rostro hinchado por las picaduras. ¡Ah, Ibarra! Tu crueldad nos matará, solloza Agustina con la cabeza escondida en los brazos y de repente, en el medio de la desdicha, cruza un recuerdo como un aleteo eléctrico de colibrí: un caballero —Ibarra, cree reconocer— le toma la mano y la invita a un minué.

—¡Misia, Misia! ¡Los indios!

Un niño de los alrededores ha entrado en la choza. Una polvareda lejana parece flotar sobre los espinillos y aureolarlos de presagios. Agustina piensa en torsos desnudos y lanzas cimbreantes, mientras recoge mantas y trebejos del mate y se despide del rancho que no volverá a ver. Ayudada por Unsaga —que apenas puede con sus propios padecimientos— arrastra a Libarona, lo esconde tras un matorral y ahoga con sus manos pequeñas los gritos de demencia y los quejidos de animal aterrado. Nada hallará del rancho al volver, que no fueran cenizas. Junto con Unsaga, entonces, retorna al monte y allí se guarecen.

¿Quién narrará el martirio de Agustina? Nadie podrá contar los desgarros del cuerpo y el vestido, ni sus muchos miedos: al indio, al jaguar, a la locura de Libarona, a la posible muerte del juez Unsaga, llagado de la cabeza a los pies, y su única compañía.

—¡Libarona! ¡Libarona!

Con el auxilio de Unsaga abre la boca del hombre que la mira extraviado y traga el caldo que ella ha conseguido a cambio de amamantar a un niño indio. El líquido pasa ruidosamente por la garganta de Libarona. Será quizá la última vez. Ibarra ha sabido que obtiene maíz y charque cosiendo ropa para los indios mansos asentados en las cercanías y pronto mandará que los internen más adentro del monte achaparrado y espinoso, adonde habrá sólo caranchos para acechar su desventura.

—¡Atrás! —El soldado golpea a Agustina que cae pesadamente sobre las matas de pasto seco y duro. Ella sólo ha querido ayudar a Libarona, conducido en parihuelas con tal brusquedad, que le arranca ayes de dolor.

Agustina se incorpora, tiene piernas y brazos dibujados con sangre por espinillos y ortigas. El paisaje se vuelve más cruel pero sigue tras la partida que los lleva al corazón del Bracho.

No conseguiremos agua aquí —piensa— ¡Quién sabe qué será de nosotros en el futuro! ¿Futuro? Y una lágrima, más rebeldía que desesperanza, marca una huella en su cara sucia.

—Así estaremos bien —dice Unsaga para darle ánimo y acomoda unos cueros amarrándolos a un espinillo.

Los soldados los han dejado muy adentro. Hasta allí no llegarán mensajeros ni estafetas, sólo los indios han de atreverse.

"Ibarra —piensa Agustina—, vengas en nosotros el amor que no te di, o la muerte de Pancho o la bella letra de José que redactó, forzado, el decreto de tu destitución, que duró unas horas."

Ibarra, más cruel aún que Rosas. Por lo menos éste la escuchó, la miró con afecto, le prometió ayuda. ¿Por qué llora una mujercita tan amable? que nunca llegó.

"Uno porque hace, otro porque no hace...", se dice mientras junta pasto seco y ramas para hacer fuego.

¿Cuánto tiempo ha corrido desde que Agustina comenzó este calvario? ¡Quién lo sabe! No ha contado los días ni los soles, ni las lunas, pero aún brota leche de sus pechos.

Cuánto puede durar un día cuando camina leguas en busca de agua. Y qué breve es cuando regresa con el pensamiento a su hogar, a sus hijas tan pequeñas y lejanas, al amor del hombre por el que está allí en el monte y que nada tiene que ver con éste, que le pega y la arrastra del pelo y le babea el vestido mugriento.

Ibarra quiere que abandone a su marido y regrese a Santiago. Por un momento la seduce el recuerdo de las comodidades de su casa, el patio donde amamantaba a Lucinda adormeciéndose en la hamaca, las sábanas perfumadas con espliego, el mate espumoso que le alcanzaba Dominga limpiando la bombilla con el repasador. Pero allí, a veces debajo de un árbol durante días, a veces en un rancho enclenque que han fabricado a duras penas, nada se le aparece más firme que sus deberes.

Son tiempos duros. La saña de unitarios y federales no tiene cuartel. Quién sabe si esto no será el fin de una época, el fin de la vida familiar y de la felicidad remolona de las provincias. Ya tienen noticias de las levas de Lamadrid en Tucumán y Salta, de la cesión obligada de todos los bienes a la causa, de uno u otro lado. Y de la fuga de unitarios y federales pudientes, unidos por el miedo igualador.

¡Quién sabe qué encontrará al volver! Piensa en sus hijas y las lágrimas desbordan las cuencas ardidas y salan labios y mejillas. Siente la piel seca, árida, como la tierra que pisa.

El tiempo corre lento. Ya debería ser diciembre porque el sol pasa más alto y el día dura. Unsaga dice que están en La Encrucijada, bien adentro del desierto. Ha llovido toda la noche. Llueve todavía. Se cobijan en un montecito ralo. El agua lava el vestido de Agustina y por las piernas le corren arroyuelos de agua sucia.

Pero eso es bendición porque la zona es muy seca, no hay alimentos ni agua. Agustina junta la lluvia en sus cacharros para refrescar a José y aliviarle la fiebre.

—Misia Agustina, deje que yo lo haga —dice Unsaga mirándole la cicatriz de la mordedura que el demente dejó en su brazo—. Usted no tendrá fuerzas.

Pero ella opone una resistencia cortés:

—No, Unsaga, no; demasiado tiene ya con sus dolores.

Debería confesarse: "falta de caridad" le dicen en su imaginación las palabras del dominico. Es que no sabe si teme más a los castigos de Libarona o a las pústulas fétidas de Unsaga.

Ha dejado de llover. De alguna manera se arreglarán para levantar un rancho. Sabe que Libarona morirá y no quiere que sea a la intemperie.

En el horizonte cortado en trozos por espinillos y chañares de formas artríticas, brilla la mañana. Ya canta la calandria.

Febrero 11, a las dos de la tarde. Después conocería el día, la fecha. Agustina espera a la muerte. A veces la imagina cadavérica, horrenda, vestida de negro. Otras es una doncella sensual que —engañadora— recita a Petrarca: "Vive cada día como si fuera el último". Cualquiera sea, vendrá por su presa.

Agustina ha perdido la noción del tiempo, quizá se ha dormido. Está sola porque Unsaga anda en busca de agua. José duerme en sus brazos. Se ha salido de su camastro y reposa la cabeza en sus pechos. Siente el cosquilleo de su respiración agitada —como antes— se dice. Pero ahora no hay deseo y los hilos de baba corren por su escote.

El cacuy ha silbado su silbo agorero. Libarona se estremece, luego las convulsiones son fuertes, indomables. Es el fin. Para qué gritar. Pero lo mismo el grito asciende, sale de sus vísceras para llenar de pesadumbre aquel mísero rancho. Después todo negro, el vacío.

Al volver en sí, ve a Unsaga a su lado.

—Aguárdeme aquí, señora, caminaré hasta la guardia más cercana a buscar quien la escolte hasta su casa. Su pesadilla ha terminado —dice el juez con la angustia de saber que sus esperanzas de sobrevivir se irán con ella.

Agustina no se aparta de Libarona, hace mucho calor y las moscas lo acosan. Por el Bracho lo llevaré —piensa— por el Bracho, que fue el último paisaje que vimos juntos. Con su cuerpo muerto desandaré el camino, lo llevaré conmigo como la reina loca de España llevó a Felipe por la estepa castellana: amado y muerto.

Las horas pasan, la carne descompuesta hiede, y al fin, dos días después, cuando Unsaga regresa con dos soldados que la conducirán al fuerte y luego a Santiago, ya es imposible cargar el cuerpo, que se despedaza.

—¡Una fosa! —grita—. ¡Una fosa! ¡No voy a dejarlo al raso para que sea carroña de caranchos!

Los hombres cavan hondo en la tierra y en el corazón de Agustina. Antes de despedirse le pide a Unsaga —que llora sin disimulo su muerte segura— que la ayude a fabricar una cruz con dos maderas, para marcar el sitio donde está enterrado. Y allí queda, el nombre y la fecha escritos en el viento: José Libarona,11 de febrero de 1842.

157

Dámasa

Es extraño, si cierro los ojos vuelven las sensaciones de aquel pasado: el olor a naranjas del patio de la casa grande, la misma frescura de la parra. Pero es 1880 y esa casa donde yo, Damasita, fui criada como una flor de invernadero, ya no está. No tengo jardín, aunque el sol entra a raudales por la ventana. Hoy el caldo estuvo más salado por las lágrimas de Milagros, que sabe que voy a morir. Corren las lágrimas de la viejecita Milagros, que me ha criado, mojan mis manos y las suyas, riegan las flores de los floreros que acomoda y las manteletas y las cofias que teje. ¿Por qué llorar por mí? El sol deja una pelusita dorada sobre las cosas y me imagino el brillo de las acequias y la luz que acristala las uvas. He vivido. Si se acercaran oirían la historia que repito en voz muy baja, acompasada con el ir y venir de mi hamaca de mimbre... cric cric-cric cric...

1818. Humean ollas de agua y en su habitación, María Gerónima Arias Castellanos de Boedo se retuerce y muerde un pañuelo. La comadrona pone su mano sobre la frente ardida y hace una seña. Domitila le alcanza el vinagre. María Gerónima ya es grande para parir. De repente, un grito prolongado enhebra las campanadas que están sonando en la Catedral salteña. Don José Francisco Boedo —a grandes zancadas ha cruzado el patio una y otra vez y lo vuelve a cruzar— detiene su marcha.

—¡Es una niña! —grita Milagros y todos corren hacia la habitación.

—Dámasa —dice José Francisco mientras alza un capullo llorón— como mi abuela.

—¡Damasita! —Milagros llama a la niña que juega en el patio del aljibe y le recompone los volados y las puntillas—. ¿Podrías estarte quieta? Es abril de 1822 y su hermano mayor, José María, vendrá a conocerla.

—Es muy valiente tu hermano —dijo su madre—. Peleó como el mejor para la Independencia.

Pero Damasita ha encerrado dos chilicotes* en un frasco vacío y lo único que le interesa es hacerlos cantar.

---

*   Grillos

—A ver, a ver —un joven alto le toma la barbilla—
¡Qué hermosa! —y la levanta y la besa. Es José María.
Ella juega con las charreteras doradas y los flecos.

—¿Te gustan los chilicotes José María? Milagros
dice que se comen la ropa.

*Ahora el cric-cric de la hamaca me recuerda el canto
de los chilicotes. Cric-cric, ya no existe la casa, ni la
luna en el pozo, ni José María... ni Lavalle, cric, cric.*

Vamos Damasita, sosiégate. Ella se apoya en el brazo de su tía Nicolasa Boedo de Pereda. Con la excitación
y el miedo tironea sin pausa los rizos que escapan de su
capota. Resplandecen sus veintitrés años. ¿Cederá
Lavalle a sus ruegos?

José María y su tío, el coronel Pereda están presos
en Metán. Puch los ha detenido por hablar en favor de la
paz. Los acusan de espionaje, Dios sabe que los Boedo
no son de esa laya. Sólo quieren detener esta guerra cruel
e insensata, unitarios, federales, sangre, exterminio.
Rosas, Lavalle ¿no mamaron del mismo pecho? ¿Acaso
mamaron la discordia?

Súbitamente, el mundo desaparece para ella. Sólo
ve un hombre esbelto, de pelo y barba rubios y ojos
azules, que se acerca. ¿Qué sintió en ese momento
Damasita? ¿Qué sintió mientras pedía por la vida de
José María, fusilado por orden de Lavalle, en ese mismo instante, en Metán? ¿Qué oleada de consterna-
ción por el hermano amado se mezcló con el deseo
por su verdugo?

163

Porque allá va, junto a él, dejando familia y buen nombre como se deja un chal abandonado sobre la hierba. Y lo ve, a orillas del Famaillá, formado en batalla, a espaldas de un enemigo mil veces más poderoso, Juan Galo de Lavalle, valiente pero temerario, audaz pero testarudo y loco.

Nada ha recibido Dámasa Boedo, más que la cabeza de un hombre vencido, para descansar en su seno No es sino la última de tantas mujeres: María de los Dolores, la esposa; Solana Sotomayor, con quien durmió cuatro días y cuatro noches sin levantarse de la cama, mientras sus oficiales se paseaban desesperados por corredores y galerías y el marido, el general Brizuela, clamaba en la puerta de la finca... Y tantas otras.

Ninguna clase de amor le dará el alucinado, a quien sus generales ya abandonan. Sólo el romántico muerteamor de las heroínas. Quizá fue Damasita puesta por el Destino para abrazar su cabeza en el último minuto. O quizá lo vendió para vengar su sangre. Si ella no lo dijo, no lo sabe la Historia.

El sol ya se ha retirado y hace frío. Milagros me ha puesto una manta sobre las rodillas, pero no siento su calor. Va y viene mi mecedora, cric cric, va y viene como el desventurado de Lavalle, que no quiere ir a Bolivia, que quiere ir a Jujuy.

Octubre de 1841. Vencer o morir, ha dicho el jefe y sus pocos leales, apenas doscientos con Pedernera a la

164

cabeza, lo miran como a un niño caprichoso. No podrán vencer. Ocampo, Salas y las fuerzas correntinas, lo han abandonado. Sólo esos pocos hombres y los buitres, lo acompañan ahora.

Jujuy duerme en vaharadas de calor. Sobre los tejados, una luna espesa calca el garabato del ramaje. Es el 8 de octubre.

—Dormiré en una cama —dice Lavalle a Pedernera y éste, con la certeza de la fatalidad, ordena acampar en los Tapiales de Castañeda.

En la casa de Zenarruza, que el Gobernador Alvarado y el representante del Ejército unitario, Dr. Bedoya, acaban de abandonar para huir a Bolivia, Damasita tiende el lecho, desprende la guerrera y saca las botas a su amante.

Nunca sabremos cuál habrá sido el ultimo sueño de Lavalle. Soñó tal vez a Dorrego y su fantasma omnipresente. O la cabeza de su amigo Avellaneda, en una pica, en la plaza de Tucumán. O tal vez soñó su niñez con Rosas ó sus esperanzas deshechas, vestidas ya con los vestidos de la muerte. Cuatro horas después, a las seis de la mañana, una partida federal viene en busca de Alvarado y Bedoya. Hay gritos, tiroteos. Lavalle se quita de un manotazo el sudario de las sábanas y comienza a vestirse... Desde afuera, el soldado Bracho apunta mirando por la cerradura y —a través de ésta— lo mata de un tiro en la garganta.

¿Fue así, Damasita?... ¿o así quiso Rosas que fuera? ¿Cómo murió Lavalle? ¿Fue tal vez de su propia mano? Y en ese momento, ¿apretaste contra tu pecho la cabeza doliente o hubo en tus ojos el destello acerado de la venganza?

Después, muerto sobre el lomo de la mula, brazos y piernas bamboleándose, va Lavalle camino de Humahuaca. Pedernera y los suyos lo llevan lejos, a donde Oribe no pueda darles alcance y profanar el cadáver. Damasita va también, aunque no reconoce a Lavalle en esa cara blanca con el agujero negro de la herida.

Pero es inútil continuar. Se abalanzan los buitres sobre la carroña. Entonces lo descarnan. Siguen viaje su corazón y su cabeza. Al exilio, a Bolivia, cabalgan y cabalgan. Cabalga Damasita Boedo, al exilio con su general.

Ahora, la hamaca de mimbre apenas se mece. "¿Duermes Damasita?", me pregunta Milagros. No. Con los ojos entrecerrados, veo siempre lo mismo: el pasado. No veo mis años en Bolivia, ni mi labor de maestra ni mi vida en Sucre, en Coquimbo o en La Paz. Tampoco mi amistad con Juana Manuela, que mitigó la soledad, ni mi regreso a Salta, donde nadie quiso verme. No, no. Tras de los párpados veo montes y lunas y una quebrada colorida y las manos espinosas de los cardones y una polvareda. Es un grupo de leales que van rumbo a Potosí, a enterrar a Lavalle. Tras de los párpados, no veo otra cosa que ponchos que flamean como grandes mariposas celestes sobre los caballos, y el corazón sangrante del hombre que amé, ¿lo amé?, a merced de los cascos enloquecidos.

Eulalia

— *P*austé, misia Eulalia, y que mehai dicho misia Matilde que luaga humo.

El changuito extiende el sobre que doña Eulalia Ares de Bildoza toma nerviosamente. Es sólo 15 de agosto, en ese año de 1862 y ya el sol de la siesta catamarqueña castiga la soledad de la Plaza de Armas, por donde el niño ha venido levantando polvo con los pies desnudos.

—¿No te dijo Matilde que cruzaras por los naranjales? —dice la dama y luego hurga en su bolso por unos céntimos y entra y toma de la frutera del aparador dos manzanas reinetas, como de cera, que alarga al mensajero.

Después, en la penumbra del zaguán, Eulalia abre el sobre, lee la misiva, cuenta el dinero y lo guarda en su escote. Alcanzará para pagarle a los arrieros que se conchabarán sin preguntar demasiado. Esto lo manda Daniel —escribe Matilde— y dice que el 17 a las doce de la noche será el baile y que prepares todo lo necesario y que haya mucha comida, que él llevará dos palomas y un matambre.

Sonríe Eulalia, a pesar de los nervios que crispan su cara fina; Eulalia Ares, tan hermosa, casada desde hace ya muchos años con el entonces teniente José Domingo Bildoza, para las buenas y las malas, como le dijo el cura. ¿Y qué es esto que está por hacer? Dios lo sabe. Ya es hembra madura y ha criado muchos hijos. Y su honor descansa en su marido, el Coronel Bildoza, Comandante ahora huido probablemente a Santiago, junto con el gobernador Ramón Rosa Correa.

Eulalia cierra los ojos. Ya hace más de un mes que no ve a José Domingo. La mujer del gobernador Correa ha sabido que están bien de salud pero mal de ánimo. No es para menos. ¿Será que Dios ayuda a los malos? Jesús, si supiera el padre Belisario lo que ronda en su cabeza. Malos pensamientos. Y mentiras. Bueno, ¿es una mentira llamar palomas a las pistolas y matambre al estoque? No; y Eulalia se absuelve. Y absuelve también a Daniel Palacios en nombre de su ingenio.

Este nombre trae algo de calma a su ánimo. "Soy una mujer de agallas, de pelo en pecho", se repite una y otra vez y sonríe pensando en su piel de muñeca que los años no han ajado.

Más tarde, en su cama semivacía, Eulalia recuenta el rosario de sus alegrías y dolores. ¡Pobre Catamarca!, se desangra, se desgarra. Qué lejos aquellos años de infancia, de pueblo quieto, en que su padre Pedro Ares, español, y su madre, Trinidad Díaz, catamarqueña, fundaron la familia. Allí, en la casa amplia que perfumaban los dos tilos del patio, crecieron las niñas Ares, las más hermosas de Catamarca. Pero ella nació en Ancasti y por eso, el terciopelo oscuro de su mirada tiene el negro azulado de la ladera de la montaña, cuando cae el sol.

Después —y sobre todo después que casó con José Domingo— su vida ha sufrido los avatares de la Patria: las luchas, los ahogos. ¿Y ahora qué? Aprieta su pecho con las dos manos Eulalia. Si Correa es Gobernador por voto de la Asamblea General, ¿cómo pretende el iletrado de Omill, reemplazarlo? Y a pesar de todo, Matilde dice que hay que reconocerle el valor y el desenfado: con el apoyo de unos pocos federales, este liberal renegado pudo desalojar al legítimo Gobernador y allí es donde entra su marido y Eulalia traga sus lágrimas. ¡Vergüenza! ¿Qué pensará el Presidente Mitre?

Porque en El Chiflón, al pie del Portezuelo, las tropas leales de José Domingo fueron batidas por las de Omill, compuestas sólo por los guardiacárceles; claro que Arredondo le mandó al intruso un piquete de línea de refuerzo, desde La Rioja, pero...¡Vergüenza! Arden las mejillas de Eulalia. Por suerte hay gente como Daniel Palacios y los Lobo y Mauvecin y el alférez Carrizo... y las mujeres valerosas que la acompañan. Pero Omill es fuerte, su fuerza está en la protección del diablo, se dice Eulalia mientras enciende una vela a la Morenita del Valle.

Con el grupo leal planea recuperarle la gobernación a Correa y allanar el camino para el regreso de su marido. Aunque casi no se anima a imaginarlo por lo atrevido del plan.

—¡Eulalia! —a voz de su madre muerta la estremece en el recuerdo—. ¡Toda una dama criada cristianamente! ¡Eulalia!

Y sí, por Cristo, con Él y en Él solo confía y en la Morenita de Valle. Y apretándose el corazón, que le ocupa todo el pecho, Eulalia trata de dormir.

—A ver Matea, no te olvides del agua de azahar en los alfajores y no tanto azúcar en los alfeñiques que después no hay diente que pueda darles. —Eulalia dirige a la aprendiz de cocinera que luego llevará las confituras al almacén de Braulio. Todavía habrá que hacer empanadillas de durazno despepitado y caramelos de miel. Y es que así ayuda a la economía Eulalia Ares, con dulces nacidos de su amargura, hasta que su marido pueda reunírsele, porque no es cosa de vender sus joyas. "¡Lo último que harás, Eulalia!" —oye otra vez a su madre—. "¡Que siempre han estado en la familia!".

—Matea, ¿y el anís?

—No sé, mi señora, que ió loitráido y ahorita no lo hallo, que seluá comido el duende, parece.

Sonríe Eulalia. ¡el duende! Amable creación de la gente del pueblo, habitante de las casas que carga con todas las culpas: jarrones rotos, dulces faltantes. ¡Ojalá el duende pudiera hacer algo por ella, dirigir su mano, que deberá ser certera, sostener su voluntad, que flaquea!

Hoy es vísperas —piensa— mañana a la noche habrá luna nueva y todo estará en sombras: la ciudad y su corazón.

Y el 17 amanece nublado, lo que favorecerá los planes. Sofanor ha conseguido más de veinte arrieros que en la noche harán bulto y el alférez Carrizo y el teniente Dulce prometieron fusiles para todos.

Ya casi desespera al mediodía, pero no deja de preparar sus nueces confitadas. Nadie debe sospechar y menos doña Perpetua, que es pariente de Marturano, omillista del todo, y que ha venido a comprarle nueces.

— Siempre he sido atrevida —piensa Eulalia mientras sus manos van y vienen en la cocina y prepara el paquete para doña Perpetua. Todavía se ríe cuando recuerda el azoramiento del teniente Bildoza, aquel verano de la excursión al Rodeo, cuando ya se hablaba de boda pero aún el trato entre ellos era distante. Quedaron un poco rezagados del grupo, admirando la belleza, las luces del agua entre las piedras. Y entonces Eulalia se había quitado las botitas veraniegas de brin y subido un poco la falda para bajar la media y deslizar sus pies hasta el Ambato que saltaba entre las piedras redondas y burbujeaba en el tobillo esbelto. ¡Pobre teniente Bildoza! ¡Cuánto amor! Y el recuerdo de su marido borra la sonrisa e instala un rictus de angustia.

Las once. La luna es un tajito tenue en el cielo y sopla una brisa perfumada que viene de los naranjales.

Duerme San Fernando del Valle de Catamarca. Pero Eulalia vela, impaciente.

Por fin oye los golpes en el postigo. Entreabre y apenas puede ver a Matilde envuelta en su rebozo. El bolso está preparado con las cuatro pistolas y todo se disimula bajo el pañolón. Salen. En la cuadra siguiente aguarda Daniel Palacios con los veintitrés hombres armados. La misión es tomar el Cuartel, que está en el Cabildo. Allí, lo saben, hay apostado un piquete de cuarenta hombres. "El doble que nosotros, pero... ¡sin mujeres!", se dice Eulalia. Ella y Daniel encabezan el grupo. Matilde y la mujer de Correa van a la retaguardia, para que nadie se desbande. Y entonces, comandando aquel grupo de hombres ásperos, aprieta un instante los párpados y vuelve a sentirse aquella niña Ares, el encanto de su tiempo. Un instante tan sólo en el que van pasando, como un ramalazo, los años felices, el hogar paterno, y después la cara de sus hijos y la voz de su madre: ¡Eulalia! ¡Eulalia!

Ya están cerca. Con sigilo se deslizarán por el callejón que separa el Cabildo de la Iglesia Matriz. Y luego, ya en la puerta del cuartel, brillará el estoque de Daniel Palacios frente al rostro sorprendido del centinela.

—Ni un tiro, ni un solo tiro fue necesario —cuenta después Eulalia.

Y así fue. Apenas una resistencia prontamente dominada y entran en el cuartel. Las tropas, sin armas, son mantenidas a raya por los sublevados.

Y mientras Daniel Palacios convoca a los vecinos Leiva y Pucheta, a los hermanos Lobo y al teniente Dulce, Eulalia y las mujeres lo revisan todo: cuadras, rancho, sala de armas, organizando la defensa.

Una partida de seis soldados se dirige a la casa de Omill, intentando, con un ardid, hacerlo salir. Pero se niega, hay un breve tiroteo y Omill huye por los techos, con los pantalones en la mano.

Apresuradamente, los vecinos nombran allí mismo a Eulalia —hasta que se convoque a Asamblea— Gobernadora y Dictadora de Catamarca. "Pero por diez horas, madre, sólo por diez horas, no temas."

Es el 30 de mayo de 1862. El gobernador Correa reasumirá el gobierno y lo recibirá de Pedro Cano, nombrado interinamente por la Asamblea. Eulalia entra en la Iglesia Matriz, para la misa de Acción de Gracias. El murmullo admirativo del pueblo la sigue. "¡La Gobernadora! ¡La Gobernadora!", gritan algunos. Su marido encabeza la tropa. Eulalia se regocija. Mira hacia el confesionario. ¿Debería? ¿Debería confesar el pecado de soberbia? ¿O el de altanería? ¿O el valor sin límites? ¿O la inmodestia? Oye la voz de su madre: "Arrepiéntete Eulalia. ¿Cómo te hemos criado?"

Con paso ligero se acerca al primer banco, donde aguardan las mujeres de Catamarca, Matilde, la mujer de Correa y muchas otras. Desde el confesionario le llega la letanía cansada del padre Belisario: "Ego te absolvo

175

in nomine Patri....". Y entonces se arrodilla, se persigna, clava sus ojos en el altar y contesta muy quedo, detrás del abanico:

—Tranquila, madre, tranquila. Nunca he dejado de ser una dama, toda una dama, madre, toda una dama.

Dolores

Mientras amamanta a Cándida en el patio, Dolores se mece en la hamaca de mimbre y mira a su marido; luego sonríe con sonrisa cómplice. Desea que finalice su charla con el empleado que ha venido a consultarlo. Lo invitará —se dice— a uno de esos largos paseos que suelen dar por los jardines, hasta el lago.

Cada tanto, la chinita del servicio le alcanza un mate, "es bueno para la leche", dijo la comadrona. ¡Cómo si ella no lo supiera, con once hijos paridos en los diecisiete años que lleva junto a su hombre!

Justo José, en cambio, no toma mate. Tampoco fuma ni bebe. Son costumbres heredadas del vasco Joseph Narciso, su padre, en la estancia del Talar del Arroyo Largo, donde se crió. De allí viene también la cara recia, la frente severa y la boca delineada, de labios carnosos, que a su vez han heredado los hijos.

Con Cándida al pecho, Dolores se adormece. Corre abril y el aire que retoza por las galerías del palacio, es cálido todavía. Quizá porque atardece y la luz se demora entre los naranjos y todo es placentero —la voz de Justo José, las risas de las hijas en las habitaciones, que llegan amortiguadas, Dolores da gracias a Dios.

¿Quién hubiera pensado que esa jovencita que hechizó al soltero más codiciado y saltó a los comentarios de todo Gualeguaychú bailando con él una contradanza, iba a llegar tan lejos? ¡Conquistar el corazón de Urquiza! Muchas mujeres ya le habían dado hijos, doce, nada menos... pero ni Segunda Calvento ni Cruz López Jordán ni Juana Zambrana, ninguna, ninguna, había logrado lo que ella... vivir y reinar en San José, llevar su apellido, presidir con él la mesa... Es cierto que el Obispo y el mismísimo señor Sarmiento, su amigo, debieron interceder para que legitimaran su unión —a Justo José no le quitaban el sueño esas formalidades— pero al fin lo había hecho. Y ella, Dolores Costa, fue su esposa.

Se le ha dado por recordar con frecuencia cómo se conocieron, en el teatro de Gualeguaychú preparado, sin butacas, para la fiesta de gala. Después de la contradanza, él había llenado todos los renglones de su carnet de baile y le arreboló las mejillas de tanto brinco y cumplidos, pese a que era ya un hombre de cincuenta años, aunque de buen porte.

Hoy, 11 de abril de 1870, mira a su marido y todo le parece un cuento. En octubre Justo José cumplirá sesenta y nueve. Parece mentira. Pero aún se mantiene vigoroso. Controla todo personalmente, hasta la tahona, la panadería, las cuentas, los numerosos cocineros, peones. Y ni qué decir del saladero de Santa Cándida.

Pero a pesar de ese control permanente, todos lo quieren y lo respetan.

Dolores sabe que ella es también, en parte, obra de él. Y aunque se adaptó pronto a la vida de San José, no era más que una joven inexperta cuando llegó, casi de la edad de sus hijas mayores. Claro que con toda la intención de hacerse querer por ellas. Y así todo resultó armonioso, y, aunque no era letrada aprendió mucho con los maestros de las niñas: música, inglés y podía entenderse en francés con Madame D'Aubigny, la institutriz.

No se le puede reprochar que haya intervenido en política en forma directa —siempre ha sido muy cuidadosa en ese asunto— pero sí aconsejando a su marido en los paseos diarios. Sabía que Sarmiento apreciaba sus opiniones. Y fue ella la que preparó el agasajo cuando él, con numerosa comitiva, visitó a Urquiza en San José. Sí, ella ordenó el asado con cuero, el puchero de gallina, los ramilletes de dulces... Amaba esas fiestas, sobre todo cuando había visitas importantes, a veces extranjeros, y se montaban fuegos artificiales y batallas navales en el lago.

Ama también la paz hogareña, las tertulias familiares, el grupo musical que han formado los hijos, Lola, Justa, Flora (que aprendió a tocar el arpa) y Justito que entona arias de ópera con su bella voz que ya se insinúa como de barítono y el coro de los más chicos... esto también sirve para suavizar las asperezas de la vida política de Justo José, ahora tan complicada por la incomprensión y la envidia.

Él es único, Dolores lo conoce bien y evoca, mientras lo oye dar las últimas órdenes, su honestidad, su habilidad para los negocios, su pasión por Entre Ríos y el progreso, sus obras de mecenazgo... Si tan sólo los revoltosos del Colegio Nacional y sus egresados, y los agitadores del partido Federal pudieran comprender a su jefe... entenderían que su acercamiento a Mitre y a Sarmiento sólo busca la unidad, la organización nacional... Ya después de Cepeda y desde el campo de batalla había dado una proclama que ella sabe de memoria: "Deseo que los hijos de una misma tierra y herederos de una misma gloria no se armen más los unos contra los otros"...

Acuesta a Cándida en su canastito, la pone a la sombra, acomoda el tul, ensimismada...Por qué se habrá puesto a pensar en todo eso... es que no está tranquila, corren los rumores en Concepción del Uruguay y los hacendados protestan también. Desde Concordia, Justo Carmelo y Waldino alertan sobre una posible conspiración, pero Urquiza no escucha, tal vez está demasiado encerrado en San José, tal vez debería ir... Se sobresalta, hay gritos que crecen, palabras airadas que vienen del patio posterior, al que ha llegado un galope bárbaro y pavoroso. Ya desmonta la turba y ahora sí, Dolores puede entender lo que dicen: ¡Muera Urquiza, traidor, vendido a los porteños! ¡Viva López Jordán!

Las imágenes se suceden dispersas, barajadas, luego el tiempo se detiene para Dolores que ve correr a Justo José desde el zaguán principal adonde había acudido al oír la gritería, restañándose la sangre que mana de su mejilla izquierda.

Lo ve luego ir hacia el dormitorio. Hacia allí corren también sus hijas y ella misma, que va llevada en vilo por el terror y la incredulidad. Ahora ven a Urquiza, pistola en mano, deslizarse lentamente, sosteniéndose de un postigo en el que quedará la huella de sangre de la infamia. Ya en el suelo, los brazos adolescentes de las hijas intentan protegerlo. Por entre esos brazos caen, a mansalva, las cinco puñaladas de Nicomedes Coronel, su capataz, su protegido.

¡Dolores, Dolores! ¡Qué premonitorio tu nombre! Como fluye la sangre de Urquiza, que mancha tu vestido, así brotarán los males para Entre Ríos.

Polonia

En memoria del último malón

"Está de Dios —piensa Polonia Enciso mirando el alto cerco de Fortín Yunká, la puerta áspera y chirriadora y el mangrullo—. Éste será mi mundo para siempre."

Es el 20 de marzo de 1919 y mañana, 21, hará dos años que vive allí, en Formosa. En sus cuarenta, Polonia ha sufrido mucho y la vida en el fortín, la rutina escanciadora de días tranquilos, parejos, le ha dado, por fin, la idea de que está viva.

Hay en su memoria una infancia nómade: su padre fue un sargento Enciso que murió de unas fiebres durante la conquista del Neuquén y de quién apenas recuerda la barba áspera contra su mejilla tierna; la madre, una cuartelera, Carmen, de apellido incierto y sobrenombre sonoro: "la coplera", porque con su hermosa voz que venía del norte cantaba en los fogones, entre marcha y marcha. Y así, entre marcha y marcha, nació ella, Polonia y la trajo al mundo una india cautiva, comadrona en su tribu.

De su madre hereda Polonia el valor. Si el padre murió temprano, Carmen, la coplera, tuvo pasta suficiente para criarla, a su pecho primero y con leche de yegua después.

Tiene ojos luminosos Polonia. Su madre siempre dijo que era porque había mirado un cielo abierto, desmigajado en estrellas, mientras la concebía.

De las marchas recuerda el hambre, el polvo arremolinado y el traqueteo de las carretas, las voces de mando, el sudor de gentes y caballos. Al principio, cree recordar también, cuando el sargento vivía marchó, en brazos de su madre las más de las veces, a retaguardia del batallón, delante de los carros. Al morir él, la coplera pasó con las sin familia al arreo de las caballadas, con Polonia a cuestas. Pero a ella —a la niña— eso le gustaba. Había una hermandad de fierro entre las mujeres y a veces las otras, las que iban adelante con sus hombres, venían en las paradas a traerles mejores provisiones.

Polonia se crió así, en la larga senda que fue la conquista del Neuquén, jalonada por fogones y paradas en los fortines, donde las mujeres cosían la ropa rotosa de los milicos y se ingeniaban para procurar comida.

La vida en el fortín era dura tanto para los hombres como para las mujeres, que no vacilaban en tomar un fusil, si era necesario. Y lo fue, muchas veces. La guardia quedaba en manos de las cuarteleras que, vestidas de uniforme para despistar, subían al mangrullo o vigilaban la plaza, mientras los hombres hacían reconocimiento o cargaban contra las tolderías amenazadoras.

Allí aprendió Polonia a hacer un puchero con nada, a curar heridas con yuyos recogidos en las marchas, a usar la medicina que las indias cautivas les enseñaban. Y, sobre todo, aprendió a frenar ímpetus varoniles, que no faltaban.

El amor llegó para Polonia de la mano del cabo Bustos y puso más relumbres en sus ojos luminosos. Con él, finalizada la campaña del Neuquén, vivió un tiempo en un rancho que hicieron juntos, para echar raíces por fin y criar al hijo que esperaban. Y ligó para siempre su destino al del hombre y para siempre fue su china.

El Cholito crecía casi olvidado de su nombre, porque Cholito le decían en recuerdo de una copla que cantaba su abuela Carmen. Nada legó ésta salvo el valor, porque el servicio de las cuarteleras a la tropa nunca fue premiado, ni siquiera con el reconocimiento. "Las milicas" fueron identificadas como mujeres de mal vivir y ellas, valientes y sufridas, aceptaron este olvido malicioso de los gobiernos y de la Historia.

Así que al morir su madre Polonia consideró que no seguiría el mismo destino y con el cabo decidieron sentar plaza en el fortín Yunká, a instancias de un antiguo capitán del Regimiento. Allí estarían tranquilos, porque ya nada se esperaba de la indiada y los fortines sólo habían quedado para demarcar la frontera.

Y ese 20 de marzo de 1919, Polonia espera al cabo Félix Bustos, estafetero, con tortas fritas y el mate.

—Vendrá para el atardecer —le dice al Cholito que juega con su tortuga—. Vendrá su tata y usté va'ser un gurí bueno y se va'lavar la cara. Y piensa está de Dios", porque Polonia cree que ya nunca más abandonará Formosa.

Hubiera querido irse para el sur, para la capital, con el crío y su marido. No faltó quien los tentara: ella podría trabajar como doméstica y ayudar con la paga. Pero hasta el fortín habían llegado las mentas de las huelgas y los disturbios en Buenos Aires y no era momento. A Félix no le gustaría que lo mandaran a tirar contra la gente.

Todo eso piensa Polonia mientras lava la ropa y la pone a blanquear sobre unas ramas, para que no se ensucie. Y es entonces cuando una bandada de siriríes cruza el cielo del fortín, rota la formación y enloquecidos ¿qué pasa?, tiene tiempo de preguntarse cuando ve a los milicos que abandonan el descanso de la siesta y los brazos de sus mujeres porque crecen un rumor de cascos y un griterío que lastima el aire.

Y mientras oye un clarín cercenado por las lanzas de los indios pilagás con sus penachos rojos, atina a alzar al Cholito y esconderlo bajo las ramas y la ropa tibia de sol.

—Quédese quieto m'hijo, por favor, quédese quieto — le dice, y el niño ve, entre las ramas, las crenchas arremolinadas y la lanza cimbreante. Y siente el peso de su madre sobre su escondite y mira caer, en medio del fragor y de su miedo, una a una las gotas de sangre de Polonia, que se escurren por entre las ramas.

Horas más tarde, los cabos Waldino Almeida y Félix Bustos, llegaron al fortín Yunká, trayendo noticias del fortín Pegalda. Nada hacía presumir que hallarían caranchos rondando en círculos sobre la desolación: hombres, mujeres, niños, perros y hasta las gallinas, lanceados, con los ojos abiertos y el grito atorado en la garganta. Sólo el Cholito había sobrevivido —y aún estaba— bajo las sábanas tiesas y el cuerpo muerto de su madre.